[英国] A. J. 艾耶尔 著　吴宁宁　张卜天 译

休谟

牛津通识读本·

Hume

A Very Short Introduction

译林出版社

图书在版编目（CIP）数据

休谟/（英）A. J. 艾耶尔（A. J. Ayer）著，吴宁宁，张卜天译. —南京：译林出版社，2016.11（2024.3重印）
（牛津通识读本）
书名原文：Hume: A Very Short Introduction
ISBN 978-7-5447-6546-6

Ⅰ.①休… Ⅱ.①A… ②吴… ③张… Ⅲ.①休谟，D.（1711—1776）－哲学思想－研究 Ⅳ.①B561.291

中国版本图书馆 CIP 数据核字（2016）第 181015 号

著作权合同登记号 图字: 10-2020-573 号

休谟 ［英国］A. J. 艾耶尔 / 著 吴宁宁 张卜天 / 译

责任编辑 何本国 陈 锐
责任印制 董 虎

原文出版 Oxford University Press, 1980
出版发行 译林出版社
地 址 南京市湖南路 1 号 A 楼
邮 箱 yilin@yilin.com
网 址 www.yilin.com
市场热线 025-86633278
排 版 南京展望文化发展有限公司
印 刷 江苏凤凰通达印刷有限公司
开 本 890 毫米 × 1260 毫米 1/32
印 张 8.125
插 页 4
版 次 2016 年 11 月第 1 版
印 次 2024 年 3 月第 6 次印刷
书 号 ISBN 978-7-5447-6546-6
定 价 39.00 元

序言

周晓亮

大卫·休谟(David Hume,1711—1776)是英国经验论哲学家,怀疑论者,是西方哲学史上最重要、最有影响的人物之一。

本书是关于休谟的生平与思想的专著,其作者 A. J. 艾耶尔(Alfred Jules Ayer,1910—1989)是当代英国的著名哲学家,逻辑实证主义在英国的主要代表。

艾耶尔生于英国伦敦,早年就学于伊顿公学,后来获奖学金,入牛津大学基督教堂学院学习。毕业后,他到维也纳大学学习,参加了"维也纳学派"的哲学活动,接受了该学派的逻辑实证主义观点。1933 年至 1940 年,他在牛津大学基督教堂学院讲授哲学。第二次世界大战期间,他参加了英国情报部门的工作。战后,他任牛津大学沃德姆学院的研究员和院长。1946 年至 1959 年,任伦敦大学学院心灵和逻辑哲学教授。而后又回到牛津,任新学院的逻辑学教授,直至 1978 年退休。1963 年被选为美国艺术与科学院(American Academy of Arts and Sciences)外籍荣誉院士。1951 年至 1952 年任亚里士多德学会(Aristotelian Society)会长,1965 年至 1970 年任英国人文主义协会(British Humanist Association)主席。1970 年被封为爵士。

艾耶尔的主要著作有:《语言、真理与逻辑》(*Language,*

Truth and Logic,1936)、《经验知识的基础》(*The Foundation of Empirical Knowledge*,1940)、《哲学论集》(*Philosophical Essays*,1954)、《知识的问题》(*The Problem of Knowledge*,1956)、《人的概念及其他论文集》(*The Concept of a Person and Other Essays*,1963)、《实用主义的起源》(*The Origins of Pragmatism*,1968)、《形而上学与常识》(*The Metaphysics and Common Sense*,1969)、《罗素与摩尔:分析的遗产》(*Russell and Moore: the Analytic Heritage*,1971)、《或然性与证据》(*Probability and Evidence*,1972)、《哲学的中心问题》(*The Central Questions of Philosophy*,1973)、《20世纪的哲学》(*Philosophy in the Twentieth Century*,1982)。此外,他还著有四部人物专论,即《罗素》(*Russell*,1972)、《路德维希·维特根斯坦》(*Ludwig Wittgenstein*,1986)、《托马斯·潘恩》(*Thomas Paine*,1988),以及这里我们所看到的《休谟》(*Hume*,1980)。

在这些著作中,最著名的无疑是《语言、真理与逻辑》。该书是艾耶尔从维也纳回国后写的,于1936年出版。它全面介绍和阐述了逻辑实证主义的观点,是当时用英语写出的最流行的逻辑实证主义著作,时至今日,它在英语世界仍有广泛的影响。26岁的艾耶尔也因这部著作而一举成名,成为英国逻辑实证主义的主要代表。

逻辑实证主义是西方分析哲学中最有影响的思想流派之一,它将经验哲学、自然科学和现代逻辑手段相结合,表明了对经验还原主义和分析方法的诉求。在《语言、真理与逻辑》一书中,艾耶尔概括了逻辑实证主义的三个基本要点:一是反对传统的形而上学论题,即所谓的“拒斥形而上学”;二是将哲学的任务归结为对科学陈述或命题的语言和逻辑分析;三是将价值陈述与事实陈述区分开，认为价值判断既不真也不假，仅仅是对情感的表达。

在对休谟哲学的态度上，逻辑实证主义者将休谟哲学作为其理论的一个源头。在1929年发表的《科学的世界概念：维也纳学派》（即所谓的“维也纳学派宣言”）中，休谟被归入与逻辑实证主义关系最密切的近代思想家之列。艾耶尔完全秉承了逻辑实证主义的这一立场。在谈到逻辑实证主义观点的来源时，他明确将其追溯到休谟。他说，这些观点“是从伯特兰·罗素和维特根斯坦的学说中引导出来的，而罗素和维特根斯坦的那些学说则是贝克莱和大卫·休谟的经验主义合乎逻辑的产物”[①]。从这一点看，艾耶尔一一撰写关于罗素、维特根斯坦和休谟的专著，多少带有追溯自己思想来源的意味，并非完全出于偶然。

在《语言、真理与逻辑》一书中，除了休谟的心理主义倾向外，凡是涉及休谟的地方，艾耶尔都把他看成逻辑实证主义原则的坚定倡导者。比如，在谈到“拒斥形而上学”论题时，艾耶尔作了一个著名的论断：“关于休谟，我们可以说他不仅在实践上不是形而上学家，而且他明确地拒斥形而上学。在他结束他的《人类理智研究》这一著作的一段话中，我们发现对这一点的最有力的证据。他说：‘我们手里拿起任何一本书，例如神学书或经院形而上学的书，我们就可以问，它包含着关于数和量方面的任何抽象推理吗？没有。它包含着关于事实和存在的任何经验推理吗？没有。那么我们就把它投到火里去，因为它所能包含的没有别的，只有诡辩和幻想。’”[②]艾耶尔断言，休谟的意思是，

① A. J. 艾耶尔：《语言、真理与逻辑》，第一版序言，尹大贻译，上海译文出版社1981年版，第29页。

② 同上书，第56页。译文有改动。

除了形式的分析命题和经验的事实命题，其他一切形而上学命题都是没有意义的，因此应当被抛弃，哲学所要做的仅仅是对经验科学命题的逻辑分析。

不过，逻辑实证主义的观点一提出，就受到各种各样的质疑和责难，这迫使逻辑实证主义的理论家们不断修正自己的观点，以应付来自各个方面的挑战。在这一点上，艾耶尔也不例外。从他后来发表的著作，尤其是《经验知识的基础》、《知识的问题》、《人的概念及其他论文集》等中可以看出，他自觉或不自觉地缓和了原先强硬的逻辑实证主义立场，回到比较温和的传统经验论的观点上。因此有评论说，艾耶尔"越来越多地退回到英国经验论类型的认识论"，在他那里，"逻辑实证主义回到了它由之发展出来的英国经验论"[①]。

艾耶尔的这一思想变化明显表现在他对休谟的态度和理解上。如果我们翻看手头《休谟》这本书，并与《语言、真理与逻辑》中的有关论述相比较，就会发现，艾耶尔没有再将逻辑实证主义的观点强加在休谟身上，而是根据休谟的本来叙述，比较历史地、客观地评价他的学说。

同样以"形而上学"论题为例，我们看到，在讨论"物体的存在"这个最具形而上学意味的问题时，艾耶尔没有像在《语言、真理与逻辑》中那样武断地认为休谟将此类命题看成是没有意义的而断然拒绝，而是承认休谟对这个问题有积极的回答，断言"无论休谟宣称什么样的怀疑论，他无疑相信那种常识意义上的物体的存在"（本书第 42 页），并且充分注意到，休谟把"物体的

---

① ［澳大利亚］约翰·巴斯摩尔:《哲学百年，新近哲学家》，洪汉鼎、陈波、孙祖培译，商务印书馆 1996 年版，第 439、442 页。

存在”视为“在一切推理中理所当然的”[①]，并试图寻找这一信念的根据。在这里，休谟承认形而上学命题的内容并将它作为推理的前提，与所谓的拒斥形而上学命题，仅仅从事语言和逻辑分析，两者显然有重大区别。尽管艾耶尔对休谟的有关表述作了辨析甚至质疑，但从他的论述看，他所针对的主要是如何理解休谟的文本，而不是休谟的哲学态度和立场。而且即使在艾耶尔的笔下，休谟也没有像逻辑实证主义所要求的那样热衷于“实质的语言分析”，他主要关心的是从现象论和经验心理的角度，对物体存在的“信念”做出说明——这是传统经验论的任务，而不是逻辑实证主义的任务。即使就休谟关于两类命题（知识）的分类而言，艾耶尔也只是客观地叙述了休谟的观点（关于关系的分类），并没有像《语言、真理与逻辑》中那样刻意从中引出“拒斥形而上学”的结论。

当然，以上所说，并不意味着艾耶尔从根本上放弃了他早先的逻辑实证主义观点[②]，毋宁说，具体就休谟哲学而言，他更倾向于按照传统经验论的面貌来理解和把握它，尽管他在论述中使用了很多语言和逻辑分析的技巧。这样来看，我们面前的《休谟》这本书，为我们提供的就不是一个严格逻辑实证主义的案例范本，或一部所谓的“六经注我”之作，而更多是从哲学发展的角度，对休谟哲学所作的历史的、客观的评述。其中不乏对具体观点的剖析和论证，对推理脉络的梳理和澄清，对难点、疑点的探

---

① Hume: *A Treatise of Human Nature*, edited by L. A. Selby-Bigger, second edition, Oxford, 1978, p.187.

② 不过，如前所说，他弱化逻辑实证主义立场的倾向是明显的。比如，就“形而上学”而论，他后来形象地说，形而上学家不再被当作罪犯来看待，而是被当作病人，对他们的言论或可做出恰当的解释。

究和辨明，使我们在作者锱铢必较、细致深入的论述中，感受到哲学分析的魅力。

与作者对休谟哲学的上述态度有关，我们还可以看到本书的另一个优点，即在对休谟哲学的主旨和历史地位的评价中，作者比较客观地介绍了逻辑实证主义之外的其他三种主要观点[①]，为读者提供了一个比较全面的理解。一个观点是苏格兰常识哲学家托马斯·里德（Thomas Reid）提出来的，他认为休谟哲学是英国经验论的完成者，它将由洛克开始、经贝克莱发展的英国经验论推进到它的逻辑结局——怀疑主义；另一个观点是英国的新黑格尔主义者托马斯·希尔·格林（Thomas Hill Green）提出来的，他同里德一样，认为休谟将洛克的经验论原则贯彻到底，揭示了它的局限。但与里德不同的是，格林站在黑格尔哲学的角度看待休谟哲学，认为它无非是理性思想体系中的一个“工具”，它的真正作用是使经验论寿终正寝，为康德的批判哲学作了准备；还有一个观点是爱丁堡大学的逻辑和形而上学教授肯普·史密斯（Kemp Smith）提出来的，他反对仅仅将休谟哲学看成是洛克和贝克莱哲学的继续，认为休谟哲学的主题不是从经验论原则中引出完全的怀疑主义，而是要用人的情感活动来描述和说明人的“自然信念”是如何形成和产生的。他断言，“自然信念”学说是休谟哲学中“最具本质、最有特色”的部分，休谟哲学也因而具有独创性的意义。

在上述三种观点中，里德和格林都认为休谟哲学没有提出任何确定的东西，只是将洛克和贝克莱的哲学发展到怀疑主义，因此他们的观点常常被相提并论，并成为西方哲学史研究中广

① 参见本书第二章“目标与方法”，在其他章节的论述中也多有涉及。

为接受的“标准”观点。史密斯的观点富有新意,为休谟哲学研究开辟了一个全新的视角,由于它紧紧依据休谟哲学的文本,所以很有说服力,以致近三四十年来十分流行,被称为对休谟哲学的“自然主义的”解释。诚然,由于内容及篇幅所限,艾耶尔在本书中对上述三种观点没有充分展开,但对于读者全面理解休谟哲学,仍不失为有益的参考。

总之,本书的翻译出版,对于中国读者了解和研究休谟哲学是很有价值的。虽然本书的篇幅不大,但所论哲理深奥,学术含量丰富,对它的翻译也有难度。译者作了很大的努力,为读者奉献了一个很好的译本,为此应对他们表示感谢。

2016 年 9 月于北京

目录

前言

本书的第一章简要叙述了休谟的生平，这一章得益于欧内斯特·C. 莫斯纳教授的出色著作《休谟传》甚多。其余各章则重印了1979年3月我在安大略省特伦特大学所作的四次吉尔伯特·赖尔讲演。我很高兴应邀作这些讲演，因为赖尔是我的哲学导师。这里，我不仅要感谢讲演的赞助者马谢特基金会和维多利亚与格雷信托公司，还要感谢特伦特大学哲学系的成员及其同仁的热情款待。

在引述休谟的哲学著作时，我使用了以下文本，其中前三本有平装本：

A Treatise of Human Nature, edited by L. A. Selby-Bigge; second edition revised by P. H. Nidditch; including Hume's *Appendices* and *Abstract.* Oxford University Press, 1978.

Enquiries concerning Human Understanding and concerning the Principles of Morals, edited by L. A. Selby-Bigge; third edition revised by P. H. Nidditch. Oxford University Press, 1975.

Dialogues concerning Natural Religion, edited with an

introduction by Norman Kemp Smith, including Hume's *My Own Life* as a supplement. Bobbs-Merrill, 1977.

Essays Moral, Political and Literary, Vol. II, edited by T. H. Green and T. H. Grose. Longmans, 1875.

应牛津大学出版社要求，我把对这些著作的引用分别用字母 T、E、D 和 G 来表示，并且插入括号内置于文中，字母之后的数字代表页码。其余的这类引用则指莫斯纳著作的页码，用字母 M 表示。

虽然休谟在文学上成就斐然，包括他那部著名的《英国史》，但他首先是一位哲学家。除了第一章概述了他的生平，本书完全致力于阐述他的哲学。

A. J. 艾耶尔

1979 年 4 月 18 日

第一章

生平与个性

在我看来，大卫·休谟是最伟大的英国哲学家，他于旧历1711年4月26日出生在爱丁堡。他在去世前的四个月即1776年4月完成了告别辞《我的一生》，这是一篇只有五页的自传。在文中，他为自己父母双方的良好家世而自豪。他的父亲约瑟夫·霍姆从事法律职业，在贝里克郡的奈因威尔斯拥有一处庄园，自16世纪以来，这份地产就一直属于他的家族。如休谟所说，他的家族是“霍姆或休谟伯爵家族的一支”（D 233）。在20世纪，这个家族中将会诞生一位保守党首相。他的母亲凯瑟琳是“司法学院院长大卫·福克纳爵士的女儿”，她的一个哥哥继承了贵族头衔。这对夫妇有三个孩子，大卫最小，哥哥约翰生于1709年，姐姐凯瑟琳生于1710年。

1713年，大卫还是婴儿时，父亲约瑟夫去世了。长子继承了财产，大卫每年只有大约50镑的遗产，即使在当时，这点钱也不足以使他经济独立。家里人希望大卫能继承父业成为律师。大卫的母亲没有再婚，在约翰成年之前一直经营着这块地产。他的母亲是个热忱的加尔文派教徒，并按照这种信仰把孩子们抚养大。据说大卫深爱他的母亲、哥哥和姐姐。虽然他在十几岁时拒绝接受加尔文主义和其他各种基督教教派，但这并没有影响他和母亲的关系，这表明他向其隐瞒了此事，或至少是没有表现得很强硬。大卫一生性情温和，无论在公开场合还是私下都不愿与人争论，但他并不缺乏勇气在书中表达自己的信念，无论这些信念是多么非正统。据说他的母亲曾说："我们的大卫是一个令人愉快的、温厚的火山口，但头脑却异乎寻常地清醒。"是否真有此事我们不得而知，如果是真的，它可能表达了大卫脱离家庭供养、变得经济独立时母亲的一种恼怒之情。

1723 年，还不到 12 岁的大卫与哥哥一起进入爱丁堡大学，在那里度过了三年美好时光。他们没有拿学位，这在当时很常见。他们报名参加的必修课有希腊语、逻辑、形而上学、自然哲学或现在所说的物理学等，还选修了伦理学和数学等课程。虽然这些课程的水平似乎还比较初等，但在这个阶段，休谟可能对牛顿和洛克的重要著作有了一定的了解。对于大学学习，他只说自己"成功地通过了普通教育课程"。

回到奈因威尔斯之后，休谟试图着手研究法律，但很快便放弃了这种尝试，因为他对文学（当时的文学包括历史和哲学）产生了强烈的兴趣。他在自传中写道："这种热情占据了我的一生，是我身心愉悦的巨大源泉。"这种热情太过强烈，以至于他说："除了研究哲学和一般学问，我对任何事情都不由得产生一种厌恶。"（D 233）虽然他说自己正在"暗地里如饥似渴地阅读"西塞罗和维吉尔，而不是那些法学家的著作（他的家人还以为他一直在研究这些著作），但他的心思主要放在了哲学上。1729 年，"新的思想景致"向年仅 18 岁的休谟敞开，并将在他第一部也是最著名的著作《人性论》中显示出来。

这一发现所带来的兴奋以及巨大的工作强度损害了休谟的健康。他的不适是由精神压力引起的。此后他按时锻炼身体，辅以充足的饮食，没到两年就从一个"骨瘦如柴的高个子"年轻

图 1　休谟像，艾伦·拉姆齐作，1754 年

人变成了他所谓的“体格健壮、充满活力、面色红润、朝气蓬勃”的家伙。但实际上,他仍然患有抑郁,并且伴随着心悸等身体征兆,他经常造访的当地医生无法使他痊愈。他最终决定,至少应暂时放弃研究,以便“更积极地生活”。1734 年 2 月,他离开苏格兰赴布里斯托尔,在那里担任一个糖业公司的职员。他决定离开苏格兰可能还有一个原因:当地有一个女仆在由休谟的叔叔主持的教会法庭上指控休谟是她私生子的父亲。这一指控未被承认,即使在当地也没有损害休谟的名誉。事实上,后来的证据表明,休谟易对女人动情,尽管他一生未婚,性情镇定而宁静,又完全沉浸于理智追求中,根本称不上爱向女子献殷勤。

休谟在布里斯托尔结交了几位好友,但仅仅四个月,他就认定自己不适合经商。据说休谟被解雇是因为他总是批评其雇主的文学风格(M 90),不论这是否是事实,毫无疑问的是,休谟很高兴能自由地致力于哲学研究。在布里斯托尔逗留期间,为了符合当地的发音,他将其姓氏“霍姆”(Home)改拼为“休谟”(Hume),这是这一时期所产生的最为持久的结果。

既已决定投入《人性论》一书的写作,也许是为了使他那份微薄的私人收入能够更好地维持生活,休谟移居到了法国。在巴黎短暂逗留期间,其苏格兰同乡谢瓦利埃·拉姆齐为他作了一些有益的引荐。此后他在兰斯待了一年,又在安茹的拉弗来什小镇住了两年,这里有一所笛卡尔曾经就读的耶稣会学院。休谟与耶稣会的神父们交上了朋友,并且利用了该学院藏书甚丰的图书馆。到了 1737 年秋天,休谟完成了《人性论》的大部分内容,遂回到伦敦为其寻找出版商。

事情的发展并不如休谟所愿。一年之后,他才与约翰·努恩成功地签订了《人性论》前两卷即第一卷《论知性》和第二卷

《论感情》的出版合同,印数1000册,他的收入则是50英镑和12部合订本。1739年1月,这部著作以不具名的方式出版,定价10先令,总标题为《人性论:将实验推理方法引入道德学科的尝试》。此书的第三卷《论道德》在出版时尚未写成,直到1740年11月才由朗文公司出版,定价4先令。

《人性论》受到的冷遇使休谟大为失望。他说:"再没有什么文学尝试能比我这本书更为不幸了,它**一从印刷机中降生就死了**,甚至连在热心人当中激起一句怨言的礼遇都没有得到。"(D 233)这样说并不完全准确。虽然休谟在世时努恩版的确没有卖光,但这部著作还是引起了国内外刊物的注意,并且获得了三篇较长评论。麻烦在于,这些评论大多数是怀有敌意的,有时甚至是鄙视性的。休谟认为,这种敌意主要源于对其观点的误解,为了消除这种误解,他在1740年出版了一本不具名的定价为6便士的小册子,并宣称它是"遭到众多反对且被说得异常糟糕的哲学新著《人性论》的摘要,对它作了进一步解释说明"。但它出版时使用的标题并无攻击性:《一本哲学新著〈人性论〉的摘要,对该书的主要论点作了进一步解释说明》。这本小册子逐渐被人遗忘,直到20世纪30年代末梅纳德·凯恩斯发现和确认了它的一个副本,并与皮耶罗·斯拉法为其写了引言,且以《1740年〈人性论〉摘要:大卫·休谟的一本迄今鲜为人知的小册子》为题将其出版时才被人记起。此书引起了人们对休谟因果关系理论的极大关注,该理论的确是《人性论》的特色,《人性论》后来也因为这一理论而变得极为著名。

休谟渐渐认为自己要为《人性论》一书失败负责,因为它在叙述上存在缺陷,后来则倾向于与之脱离关系。这种迹象最初可见于他两卷本的《道德和政治论文集》第一卷的序言。这两卷分别于1741年和1742年出版，且仍未具名。在这篇序言中，他被称为一位“新作者”。这部文集共27篇，是由安德鲁·金凯德在爱丁堡出版的，各篇严肃程度各不相同，论题内容广泛，包括评论、风度、哲学和政治等。它们获得了好评，尤其是像《出版自由》、《政府的首要原则》等主题的政治随笔。《罗伯特·沃波尔爵士的品格》这篇文章引起了特殊的兴趣，这位政治家失势后，休谟觉得自己对他的评价过于严厉了。因此，休谟无疑未在这部著作后来的版本中重印这篇文章。他还删去了书中《爱与婚姻》、《无耻与谦逊》等几篇分量不太足的文章。

这些文章的出版不仅给休谟带来了大约200镑的收入，而且使他有胆量申请爱丁堡大学的伦理学和精神哲学教授职位。1744年，休谟的朋友爱丁堡市长约翰·库茨建议他申请这一职位。在过去的两年里，当时占据该职位的亚历山大·普林格尔一直在国外做军医，且被任命为佛兰德斯军队的医务长，因此仍然担任爱丁堡大学教授似乎不太合适。当时在市议会中没有人公开反对休谟接任，但不幸的是，普林格尔直到库茨不再担任市长才辞职，此时休谟曾经得罪过的那些狂热分子已经有了时间来聚集力量。在1745年休谟匿名出版的《一位绅士致其爱丁堡朋友的一封信》这本小册子中，他否认自己曾经拒绝接受（而不是阐释）“凡开始存在的事物必有原因”这样一个命题，也否认其《人性论》的论点会以任何其他方式导致无神论，但并未平息那些人的怒气。同年，该职位被授予了休谟的朋友和导师、格拉斯哥大学道德哲学教授弗朗西斯·哈齐森，哈齐森拒绝后，市议会决定提拔一个一直在代普林格尔工作的讲师担任这一职务。

由于仍然缺乏那项任命所能带来的财务保障，休谟接受了一笔每年300镑的薪水，担任安南达尔侯爵的家庭教师。安南

AN

ABSTRACT

OF

A BOOK lately PUBLISHED;

ENTITULED,

A

TREATISE

OF

Human Nature, &c.

WHEREIN

The CHIEF ARGUMENT of that BOOK is farther ILLUSTRATED and EXPLAINED.

LONDON:

Printed for C. BORBET, at *Addiſon*'s *Head*, over-againſt St. *Dunſtan*'s *Church*, in *Fleet-ſtreet*. 1740.

[Price ſix Pence.]

图2　休谟《〈人性论〉摘要》的扉页，他试图在书中纠正对《人性论》观点的误解

达尔是个古怪的年轻贵族，不久便被诊断为精神错乱，住在距离伦敦不远的圣阿尔班附近。尽管安南达尔侯爵行为古怪，而且家中有一名重要成员对休谟抱有敌意，但休谟对自己的职位非常满意，哪怕降低薪水都可以。他这样做无疑是因为能有空闲时间从事写作。正是在这段时间里，他开始撰写《关于人类理解的哲学文集》，后更名为《人类理解研究》，旨在取代《人性论》的第一卷。于 1748 年出版的《道德和政治随笔三篇》很可能也是在这段时间写成的。

事实上，《人类理解研究》要比《人性论》写得好得多，其区别更多在于侧重点而不是论点。在《人类理解研究》中，休谟凸显了因果关系这一中心议题，较少受到现在所谓的心理学的拖累。《人性论》中也有一些章节，比如论"时间""空间"的章节，在《人类理解研究》中没有对应。另一方面，《人类理解研究》增加了"论奇迹"一章，休谟出于谨慎把它从《人性论》中删掉了。这一章的中心论点是："任何证词都不足以确立一个奇迹，除非这种证词的谬误要比它所要确立的事实更加神奇。"（E 115—116）这一论点以及书中所蕴含的反对偶像崇拜的思想使休谟在同代人当中声名鹊起，这是他的纯哲学著作中其他任何内容所无法比拟的。

1748 年 2 月问世的《道德和政治随笔三篇》是休谟第一次冠以真实姓名的著作，此后他将延续这一做法。这几篇随笔源于年轻的觊觎王位者的反叛。在这些随笔发表之前，休谟说他们"一个是反对原始契约论的辉格党体系；另一个是反对被动服从的托利党体系；第三个则是新教继承者，我希望人们在那种继承确立之前认真考虑一下自己应该坚持哪一家的观点，权衡各方的利弊"。事实上，关于新教继承的随笔直到 1752 年才发表，在 1748 年出版的书中则被代之以一篇名为《民族特性》的随笔。休谟绝非英王詹姆斯二世的追随者，但却写了一本小册子来捍卫他的朋友斯图尔特市长，这位市长曾因把爱丁堡拱手交给反叛者而在 1747 年受到指控。不过由于印刷者的胆怯，这本小册子直到斯图尔特被无罪开释之后才得以出版。

虽然休谟甘愿就其家庭教师工作达成妥协，但并未奏效。1746 年 4 月，他被解雇了，而且有四分之一的薪水没拿到，直到大约 15 年后，这笔钱大概才付清。一年前，休谟的母亲去世，对此休谟极为悲伤。他本想回到失去母亲的苏格兰，但因远房亲戚圣克莱尔将军所提供的一个职位而作罢。这位将军曾奉命率军队远征加拿大，以帮助英国殖民者驱逐法国人，他要休谟担任自己的秘书。正当远征军在朴次茅斯港等待适宜天气时，休谟从秘书晋升为圣克莱尔所领导的全军的军法官。由于风向不好，远征队改道去了布列塔尼，在那里没有攻下洛里昂城。正当法国人决定投降时，他们放弃了包围，几乎一无所获地回到了英国。圣克莱尔将军的命运似乎比应受处罚更为不幸，面对伏尔泰的嘲笑，休谟后来曾撰文为将军在远征中的行为进行辩护。休谟不得不再次等待多年才从政府那里拿到他应得的那份军法官的薪水。

远征军解散后，休谟回到奈因威尔斯小住。但在 1747 年初，他受将军之邀回到伦敦，担任这位身为“驻维也纳和都灵宫廷的军事使节”的将军的副官。休谟身着一套可能并不合适的军官制服。据一位年轻目击者说：“这个胖家伙会让人想起吃甲鱼的市政官，而不是优雅的哲学家。”（M 213—214）同样是这名年轻人，虽然后来自豪于与休谟的熟识，但评论过休谟丰富的心灵世界与茫然若失的面容之间的不一致，嘲笑他讲法语或英语时带有那种"非常浓重且极为粗俗的苏格兰口音"。

休谟在都灵一直待到1748年底,因此当奠定其文学声誉的《道德和政治随笔三篇》、《人类理解研究》的第一卷以及再版的《道德和政治论文集》出版时并不在英格兰。法国大文豪孟德斯鸠对这些随笔非常欣赏,遂将自己《论法的精神》一书赠予休谟,且在其生命的最后七年中一直与休谟保持定期通信。

如果我们相信休谟自传中的说法,那么休谟本人乃是渐渐才意识到形势正在变得对自己有利的。他在自传中谈到自己返回英格兰后,看到《人类理解研究》和再版的《道德和政治论文集》都没有大获成功,顿感颜面尽失。不过,这并未使他气馁,反倒激起了他的著述志向。回到奈因威尔斯后,他于1751年完成了《道德原则研究》一书,旨在取代《人性论》的第三卷。休谟自认为"这是我所有历史、哲学或文学作品中的最佳著作"(D 236)。次年他又发表了《政治论》。在这一时期,他也开始撰写《自然宗教对话录》,并且潜心研究,为撰写《英国史》作准备。与此同时,他的著作开始招来批评。用他自己的话说,"牧师们、主教们一年中有两三次答复"(D 235),但休谟的应对方案始终是"一概不回应"。

虽然和休谟的其他著作一样,《政治论》也没有逃脱在1761年被列入罗马天主教《禁书目录》的命运,但这种敌意大体上并没有延伸至《政治论》。休谟说这部著作是"我唯一一部甫一出版即获成功的作品"。该书最初包括12篇随笔,其中只有4篇是严格政治性的。1篇涉及古代世界和现代世界的相对人口,其余7篇则讨论了我们现在所谓的经济学。休谟是自由贸易的坚定支持者,他的随笔在某种程度上预示了他年轻的朋友亚当·斯密在其名著《国富论》中提出的理论。休谟在去世前几个月怀着钦佩之情读了《国富论》第一卷。

1751年,约翰·霍姆结婚了,大卫和他的姐姐在爱丁堡建了住宅,随着境况的改善,又搬到了更为舒适的住处。除了稿费收入,休谟在维也纳和都灵担任的职位使他"握有近1000镑"。此外,除了他的50镑收入,他的姐姐还有30镑的私人收入。虽然他谈到了自己的节俭,但其社交生活似乎很活跃;他经常受到各色朋友的款待,包括一些温和的牧师,他自己也会加以回报。然而,倘若他能谋得格拉斯哥大学的逻辑学教席,他很可能会搬到格拉斯哥。这一年,该席位因亚当·斯密继任了道德哲学席位而空了出来。尽管休谟得到了亚当·斯密以及其他一些教授的支持,但那些狂热分子的反对再次阻止了他的当选。

休谟在爱丁堡担任了苏格兰律师会的图书馆员一职,这对他未能获得教席多少有些安慰。年薪仅40镑,1754年后,休谟拒领这份薪水,因为图书馆馆长以书的内容下流为由拒绝休谟借阅拉封丹的《故事集》等三本书的要求。休谟直到1757年才辞职,在此之前,他采用了一种折衷的办法,即把这笔钱给他的朋友、盲诗人布莱克劳克。这个职位对休谟的好处在于,图书馆藏书极为丰富,他在撰写《英国史》时可以阅读所需的书籍。在把图书馆员的职位交给他的朋友、哲学家亚当·弗格森之后,他似乎仍能利用图书馆的资源。

休谟六卷本的《英国史》没有按照通常顺序出版。它从斯图亚特王朝开始,第一卷包括詹姆斯一世及查理一世的统治,第二卷讲到詹姆斯二世垮台,这两卷分别于1754年和1756年出版。接下来的两卷于1759年出版,写的是都铎王朝。全书以1762年出版的最后两卷而宣告完成,这两卷从凯撒入侵写到亨利七世登基,涵盖多个世纪。第一卷一经出版即告失败,部分原

图3　爱丁堡的国会方庭和法院。国会大厦内部的苏格兰律师会图书馆,休谟于1752至1757年在这里任职

因在于，它试图在国王与国会的冲突中保持公平，结果既惹怒了辉格党，又没能让托利党满意；还有一部分原因似乎在于，伦敦的书商们合谋反对休谟所委托的爱丁堡商行。最终，这家商行把版权明智地转给了休谟通常合作的出版商安德鲁·米勒，后者后来出版了休谟的其余几卷著作。这几卷著作使休谟在评论上和金钱上都大获成功。休谟售卖各卷版权总共得到超过 3000 镑的收入，当时的人渐渐把这部著作看成一项杰出的成就，以至于休谟作为历史学家要比作为哲学家更受尊敬。伏尔泰甚至说："《英国史》的声望没法再高了，它也许是迄今为止用任何语言写成的历史中最好的一部。"（M 318）很久以后，利顿·斯特雷奇在其《人物小传》的一篇关于休谟的随笔中评论说，休谟的书"卓越而厚重，应归入哲学研究，而不是历史叙述"。这一评价较为中肯，哪怕仅仅出于休谟的机智和优美的风格，《英国史》也仍然值得一读。

在《英国史》出版期间，休谟又于 1757 年出版了另一本文集《论文四篇》。其中最重要的一篇是《宗教的自然史》；第二篇《论情感》则是《人性论》第二卷的浓缩和修正；第三、第四篇分别是《论悲剧》和《论品味的标准》。第四篇论文原打算讨论几何学和自然哲学，但因数学家朋友斯坦霍普勋爵劝告才用《论品味的标准》一文取而代之。放弃那篇数学论文后，休谟原打算补充《论自杀》和《论灵魂不朽》这两篇论文，从而使论文总数增至五篇，但出版商米勒担心这些文章会被视为对宗教的进一步冒犯，休谟只好将其撤回。虽然这两篇论文手稿的副本曾私下流传，1777 年和 1783 年未经作者授权即出版，但它们从未被包括进休谟授权的著作版本中，后来可见于 1875 年格林和格罗斯版休谟著作集的第二卷"未发表论文"中。

1758年和1761年，休谟两次到伦敦照看其《英国史》其余几卷的排印。第一次去时，他在伦敦待了一年多，很想在那里定居下来，最后还是认定自己更喜欢爱丁堡的氛围而放弃了这个想法。在伦敦期间，休谟受到上流社会和文坛的热情款待。据鲍斯韦尔所说，约翰逊博士说只要休谟加入某个群体，他将立即离开。但约翰逊博士对休谟的"憎恶"并未阻止他们不久以后成为皇家牧师晚宴的座上宾，而且没有发生公开冲突。特别是，休谟利用他对米勒的影响而使他的朋友威廉·罗伯逊牧师所著《苏格兰史》得以出版，甚至不惜自己著作的利益可能受损而去促销罗伯逊的书。然而，当罗伯逊被任命为苏格兰王家史料编纂者时，他却略为不快，因为他本人也很想担任这一职位。

1763年，"七年战争"结束时，贺拉斯·沃波尔的一个表亲赫特福德伯爵出任英国驻法国宫廷大使。由于不满意官方委任的秘书，他决定雇佣一个私人秘书，并选定了从未谋面的休谟。由于他本人非常虔诚，这一选择令人惊讶，但有人极力向他推荐休谟，说休谟在法国声名赫赫。起初休谟拒绝了这份工作，但在再次邀请之下接受了。在伦敦见到赫特福德夫妇时，休谟很喜欢他们，并于1763年10月陪他们去了巴黎。

一到巴黎，休谟就取得了最为非凡的社会成功。正如利顿·斯特雷奇所说："王公贵族们奉承他，风雅的女士们崇拜他，哲学家们把他奉若神明。"在这些哲学家当中，与他过从甚密的朋友有百科全书派的狄德罗和达朗贝尔，还有唯物主义者霍尔巴赫男爵。有一个关于休谟在霍尔巴赫家吃饭的故事说，休谟自称从未遇到过无神论者，而霍尔巴赫告诉他，在座的人当中有15位是无神论者，其余3位尚未下定决心。在那些风雅的女士中，布夫莱尔伯爵夫人是其主要崇拜者，她在1761年给休谟写

图 4 伏尔泰在晚宴上，参加晚宴的还有达朗贝尔、马蒙泰尔、狄德罗、拉阿尔普、孔多塞、莫里和亚当神父。1763年被任命为英国大使秘书之后在巴黎逗留期间，休谟“被哲学家们奉若神明”，与百科全书派的狄德罗和达朗贝尔过从甚密

信与之相识。她比休谟小 14 岁，是孔蒂亲王的情妇，其丈夫去世后曾希望与亲王结婚，但没能如愿。虽然她从未忘记这个首要目标，但她似乎曾一度爱上了休谟，而他们的通信更有力地证明，休谟也爱上了她。虽然 1766 年 1 月休谟离开巴黎后他们再未见面，但是在此后的 10 年里他们一直保持着通信联系。休谟在去世前不到一周写给她的最后一封信中对孔蒂亲王的逝世表示了同情，并说“我自己也看到死亡在步步逼近，我没有焦虑，没有悔恨，最后一次向你致以深挚的感情和问候”。

休谟离开巴黎时，卢梭与他同行。此前卢梭一直住在瑞士，但其异端的宗教观点使之在当地成为众矢之的，在法国也不能不受干扰地生活。他们共同的朋友韦尔德兰夫人劝休谟保护卢梭，但也有哲学家警告说不能信任卢梭。卢梭的那位教育程度很低的“女管家”特莱斯·勒瓦塞尔也在她沿路勾引的鲍斯韦尔的护送下与之同行。初到英国时，一切顺利，休谟与卢梭彼此欣赏。在寻找住处的问题上出现了些麻烦，卢梭没有到原先答应住的地方去住，而是最终同意住在富有的乡绅理查德·戴文波特提供的一个位于斯塔福德郡的只收名义房租的住处。休谟还为他申请到了国王乔治三世给予的 200 镑养老金。但没过多久，卢梭的偏执狂病发作了。贺拉斯·沃波尔曾写过一篇针对卢梭的讽刺文章，而卢梭却认为这是休谟写的。英国新闻界有一些关于他的笑话，特莱斯从中进行了挑拨。卢梭确信这是休谟与法国哲学家合谋与之作对。他拒领国王的养老金，又开始怀疑戴文波特先生，还写了言辞激烈的信给他在法国的朋友、英文报纸和休谟本人。休谟试图让卢梭相信自己的无辜但未果，此时他开始担心自己的声誉。他将整个事件的来龙去脉写出来寄给达朗贝尔，说如果认为合适可将其发表。达朗贝尔的确发

图5 苏格兰政治经济学家和哲学家亚当·斯密（1723—1790），他说："总之，无论在休谟生前还是死后，我始终认为，他在人的天性弱点所允许的范围内已经近乎一个全智全德之人。"据说休谟曾经在临终的卧榻上读过亚当·斯密的《国富论》

表了它，同时还发表了作为主要证据的信件。数月之后，达朗贝尔这本小册子的英译本也出版了。卢梭在英国一直待到1767年春，然后与戴文波特不辞而别，带着特莱斯匆匆回到法国。对于休谟，卢梭的所作所为无疑十分恶劣，但休谟的一些朋友认为他应当体谅卢梭的偏执狂，这样要比公开争吵更有尊严一些。

1765年，赫特福德伯爵被任命为爱尔兰的陆军中尉，在启程之前等待其继任者到达的几个月里，休谟担任巴黎代办，并且展示出外交才能。他谢绝了赫特福德让他去爱尔兰的邀请，却在1767年应赫特福德的弟弟、国务大臣康威将军之邀任副大臣，负责北方部的工作。此后两年，他在这个职位上出色地履行了自己的使命。

1769年，休谟回到爱丁堡时已经是一个年收入1000镑的"富人"了。他在可由圣安德鲁广场进入的一条街上的"新城"中为自己建了一座房子。后来为了纪念他，这条街渐渐被称为"圣大卫街"。休谟继续积极从事社交活动，不顾对其哲学的大量攻击，专心致志地修订《自然宗教对话录》。这本书是其遗著，可能是他的侄子于1779年出版的。1775年春，用他自己的话说，"我患了肠道疾病，起初我没有担心，后来开始忧虑时，此病已变得致命而无法治愈"（D 239）。他几乎没有感到疼痛，"精神一刻也没有消沉"。鲍斯韦尔问休谟是如何面对死亡的，休谟向他保证，自己对此看得很平淡。约翰逊博士则坚称休谟在撒谎。1776年8月25日，死神终于降临在休谟头上。

休谟的一生基本上印证了他对自己的描述："这是一个性情温和，能够自制，坦诚而友好，愉快而幽默，能够依附但不会产生仇恨，各方面感情都十分适度的人。"（D 239）亚当·斯密在其朋友的讣告结尾所作的描述无疑是真挚的："总之，无论在休谟生前还是死后，我始终认为，他在人的天性弱点所允许的范围内已经近乎一个全智全德之人。”

第二章

目标与方法

在哲学史上，大卫·休谟往往被视为完成了一场运动，这场运动始于 1690 年约翰·洛克《人类理解论》的出版，1710 年即休谟出生前一年乔治·贝克莱《人类知识原理》的出版则是它的延续。这场运动的主题是，人关于世界的知识只能来源于经验。其发展线索是，如洛克所说，经验由感觉和反思所组成；作为反思对象的心灵操作仅仅指向由感官所提供的材料或心灵操作本身对这些材料的改造；感官所提供的材料包括颜色、触觉感受、身体感觉、声音、气味和味道等原子要素。

洛克试图以此为基础勇敢地描绘一幅与玻意耳和牛顿的科学理论相一致的物理世界图景。它主要依赖于洛克所采用的知觉理论，该理论将感觉材料或洛克所谓的“简单观念”分成两类：第一类是硬度、形状和广延等观念，这些观念不仅是物体作用于我们心灵的结果，在特性上也与这些物体相似；第二类是颜色、味道等观念，它们仅仅是物体作用于我们心灵的结果。这两类观念分别被称为第一性质的观念和第二性质的观念。在这两种情况下，性质都是物体通过“微小部分”（minute parts）的本性和活动而产生的，但实际上第一性质刻画的是物体本身，第二性质则只是意向性的，仅仅是在适当条件下能使物体在我们心灵之中产生观念的能力。

根据上述观点，贝克莱被认为推翻了洛克的知觉理论，从而反驳了洛克。他不但表明洛克做出第一性质与第二性质的重要区分是没有道理的，更具破坏性的是指出，根据洛克的前提，洛克相信有物体存在是没有根据的；也就是说，只要按照牛顿和洛克的方式认为物体独立于我们对它们的知觉而存在，而不是仅仅由观念或"可感性质"所组成，那么洛克就没有理由相信有物体存在。贝克莱有些轻率地声称，认为物体仅仅由观念或"可感性质"所组成，这种观点更符合常识。必须有心灵去感知观念，由于我们只有很少一部分观念是我们自己幻想出来的，所以绝大多数观念需要有某个外因。但这并不需要，也没有根据，而且正如贝克莱所推理的，甚至没有任何融贯的可能性要去求助于物质。上帝不仅足以产生我们的观念，而且足以在人没有知觉到事物时维持事物存在。如果贝克莱像后来约翰·斯图尔特·密尔所研究的那样把物体归结为"感觉的持久可能性"，他也许会给上帝减轻一点负担，其著作中有些段落似乎表明他持这种观点。但贝克莱是圣公会的一位主教，将上帝的作用最大化符合其宗教兴趣。在牛顿物理学中，宇宙被造物主创造出来，然而一旦这个宇宙机器启动，造物主就可以不再管它，它将自行可靠运转。贝克莱认为，这鼓励了自然神论，甚至更糟。因此，他务必使上帝持续不断地关注万物。

休谟所承担的角色基本上是，当初贝克莱怎样批判洛克，他就怎样批判贝克莱。贝克莱取消了物质，至少是取消了物理学家所理解的物质，却保留了心灵。自认为是怀疑论者的休谟表明，贝克莱的这种偏爱是没有根据的。正如我们没有理由相信物质实体的存在，我们也同样没有理由相信那种在时间中保持同一性的心灵的存在。我们也缺少任何合理的理由去相信贝克

图6　L. 贝利的一幅漫画，表现了视觉、嗅觉、味觉、触觉和听觉五种感官。洛克、贝克莱和休谟所属的传统试图把知识与能够通过感觉观察到的东西结合起来

莱所说的上帝的存在。但休谟把他的怀疑论推得更远。洛克和贝克莱都不加深究地接受了因果性概念，他们的区别仅仅在于，洛克承认物理微粒之间存在着力的关系，而贝克莱则认为因果活动完全由心灵来控制。休谟着手分析原因与结果的关系，他的分析表明，力的观念或者通常所理解的因果活动的观念乃是一种神话，不同的事件之间不可能有必然联系。于是，剩下的只是一系列没有外在对象的短暂"知觉"，它们不属于任何持久的基体，彼此之间甚至没有约束力。

这是与休谟同时代的最有才干的批评家、继亚当·斯密之后接任格拉斯哥大学道德哲学教授的托马斯·里德牧师归于休谟的结论。里德是苏格兰常识哲学学派的创始人，该哲学传统一直保持到 19 世纪；他在 1764 年出版的《根据常识原则对人类心灵的探究》一书率先将《人性论》的第一卷看成休谟哲学观点的首要来源，虽然休谟本人曾打算以《人类理解研究》来取代《人性论》的第一卷。里德认为，从洛克的前提导出其逻辑结论是休谟的贡献。由于结论明显是荒谬的，因此有某种东西从一开始就错了。正如里德所看到的，主要错误在于洛克及其追随者采用了观念理论，他们以为被直接感知的东西（无论是洛克所谓的"观念"，还是"可感性质"，抑或是休谟所谓的"印象"）离开了它出现于其中的知觉状况就没有存在性。如果我们像今天大多数哲学家那样拒绝接受这种看法，而是追随常识，把能进行知觉活动的人的存在视为理所当然，并认为这些人通过其感官直接认识了由独立于人的知觉而存在的物体所组成的同一个世界，那么休谟的怀疑论即使不能在每一个细节上都能令人满意，至少其最不寻常的特征将被消除。

作为怀疑论者的休谟使洛克和贝克莱的经验论遭到挫败，

一个多世纪后，与休谟相同的观点出现在牛津哲学家格林的著作中。格林编辑出版了休谟的《人性论》，并为其撰写了一篇很长的导言，其主要目的就是推翻他编的这本书的观点。然而，他的攻击思路几乎与里德的毫无共同之处。到了这个时候，虽然密尔发动了一场后卫战斗，但康德和黑格尔的影响还是蔓延至英国哲学，越来越有损于常识。格林正是这一潮流的领导者之一。他对休谟的主要反驳是，休谟认为给世界带来最高秩序的仅仅是观念的联想。根据他从洛克和贝克莱那里继承的原理，休谟再次被认为是合理的；从中得出的教益是，需要有一种新的研究进路。这一点得到了康德的赞赏，康德在《未来形而上学导论》中说是休谟使他从"独断论的迷梦"中醒来，并且给他"在思辨哲学领域的研究以全新的方向"。在 1930 年代的牛津，也许直到今天在某些地方，对休谟的正统看法是：虽然休谟有格林无情指出的各种错误和不一致，但他仍然为哲学做出了重大贡献，比如贝利奥尔学院前任院长林赛在为袖珍人人哲学读本所作的导言中就提出了这种看法。休谟一方面表明，不加批判地信任理性会以独断论而告终，另一方面又表明，纯粹的经验论是荒谬的，从而为康德铺平了道路。

据我所知，是诺曼·肯普·史密斯教授作为评论者第一次既不把休谟看成洛克和贝克莱的附庸，也不把他看成康德的先驱者，而是把他视为一个原创性的哲学家，至少应予认真考察。1941 年，肯普·史密斯教授出版了《大卫·休谟的哲学：对其源头和核心学说的批判性研究》。这本书篇幅很长，也并不总是明白易懂，但它写作认真，学问深厚，特别注重休谟实际所说的话。例如他指出，如果休谟的主要意图是清理洛克和贝克莱的遗产，那么他将不大可能在《人性论》的导言中宣称："在自称……解释人性的原理时，我们实际上是在提出一个完整的科学体系，它建立在几乎全新的基础上，这个基础乃是唯一稳固的科学基础。”（T, p. xvi）肯普·史密斯还指出，虽然这篇导言的确把洛克列入了“那些开始为人的科学奠定新基础的一些晚近的英国哲学家”，但休谟提到的其他一些人，如“沙夫茨伯里伯爵、曼德维尔博士、哈奇森先生、巴特勒博士”（T, p. xvii）等等，都是道德哲学家。这正应验了肯普·史密斯的观点，即休谟的主要关切是把自然哲学吸收到道德哲学之中。在道德哲学中，休谟同意弗朗西斯·哈奇森的看法，认为我们的道德判断建立在一种至高无上的“道德感”的运作的基础上。而在包括对物理世界的研究的自然哲学中，这种统治权则是肯普·史密斯所谓的“自然信念”。这些都是对“感受”的表达，主要由习性或习惯所控制，而不受制于任何严格意义上的理性。只有在我们现在所谓的纯形式问题这一有限领域内，理性才有支配权。总之，根据这种观点，休谟的名言“理性是而且也只能是激情的奴隶，除了服务和服从激情，再不能有任何其他职务”（T 415）不仅像通常认为的那样适用于价值判断，而且也适用于除我们理解力的纯形式训练之外的全部范围。后面我们将会考察肯普·史密斯对休谟哲学的这种总体观点在多大程度上是合理的。

如果认真研究休谟的著作，我们就会发现他与贝克莱的分歧。诚然，休谟在《人性论》中把贝克莱称为“一位伟大的哲学家”（T 17），但这主要是因为贝克莱的抽象观念理论，根据这一理论，“所有一般观念都只是附属于某个词项的特殊观念，该词项赋予那些特殊观念一种较为广泛的意义，使它们有时唤起与之相似的其他个体”（T 17）。休谟称这一理论是“近年来学术界最伟大、最有价值的发现之一”。至于该理论是否配得上休谟

A

TREATISE

OF

Human Nature:

BEING

An ATTEMPT to introduce the experimental Method of Reaſoning

INTO

MORAL SUBJECTS.

Rara temporum felicitas, ubi ſentire, quæ velis; & quæ ſentias, dicere licet. TACIT.

VOL. I.

OF THE

UNDERSTANDING.

LONDON:

Printed for JOHN NOON, at the *White-Hart*, near *Mercer's-Chapel*, in *Cheapſide*.

MDCCXXXIX.

图7 《人性论》扉页的复制本。引文意为“人们很少有机会思其所爱,说其所想”

的这种评价，则是我们必须讨论的另一个问题。休谟和贝克莱都拒绝接受洛克关于第一性质和第二性质的观念的区分，在《人类理解研究》中，休谟认为“那些第一性质的观念是通过**抽象**而获得的”这样一种观点，“如果我们加以认真考察，就会发现是无法理解的甚至是荒谬的”（T 154）。他承认自己的这种怀疑论观点得益于贝克莱。他接着说：“这位聪明作者的大多数作品已经成为古今哲学家（培尔也不例外）怀疑论的最佳课程。”（E 155）这是对贝克莱的非凡评价，更不寻常的是，正如肯普·史密斯用大量文献所表明的，皮埃尔·培尔在1697年出版的怀疑论的《历史与批判辞典》乃是休谟本人怀疑论的主要资料来源。休谟很清楚，贝克莱不会承认自己是一个怀疑论者。恰恰相反，贝克莱把怀疑论者、无神论者和自由思想家都归于他的哲学体系旨在挫败的敌手。但休谟仍然认为，贝克莱的所有论证都是“纯粹怀疑论的”，其理由是，“它们不容许任何回应，也不产生任何可信性。它们的唯一作用就是造成那种暂时的惊异和犹豫不决，这正是怀疑论的结果”（E 155）。

休谟也这样看待自己的论证吗？我们将会看到，有关证据是相互冲突的，甚至在《人性论》第一卷著名的最后一章中，休谟声称已经表明，“理解力在依照它最一般的原则单独起作用时就完全推翻了它自己，不论在哲学中还是在日常生活中，在任何命题中都没有留下最低程度的证据”（T 267—268）。我将会指出，这里休谟过分夸大了其推理的怀疑论意义，但我现在要指出的是，休谟从“任何优雅或细致的推理都不应当接受”（T 268）的结论中退缩了。事实上，他的确说过：“自然本身足以”治愈他的“哲学忧郁症”，他认为自己“绝对而必然地决心像其他人一样在日常事务中生活、谈话和行动”（T 269）。即便如此，这也并不意味着对哲学的拒斥。在这一章结尾，休谟仍然“希望建立一个体系或一套观点，即使不是真的（因为这也许超出了我们的希望），至少也会使人的心灵感到满意，经得起最严格的考察检验”（T 272）。在《人类理解研究》中（别忘了此书是用来取代《人性论》的），我们也几乎听不到怀疑论的论调。而当这种论调的确出现时，其用处也是正面的，它是一种对抗迷信的武器。

休谟也并非认为贝克莱的所有论证都无法回应。他也许认为贝克莱对物质存在的否证没有什么明显缺陷，尽管这一点很可疑，但他确信自己可以回应贝克莱关于上帝存在的证明。该回应出现在《人类理解研究》所载休谟对马勒伯朗士的答复中。马勒伯朗士曾以偶因论者的身份回答过笛卡尔的问题，偶因论者“声称通常被称为**原因**的那些对象其实只是**偶因**；每一个结果真正而直接的本原并非自然之中的任何能力或力量，而是至高存在的一种意志，这个至高存在想让这些特殊物体永远彼此连接在一起”（E 70）。休谟对这种仙境漫游所作的评论也适用于贝克莱，他说如果我们无法参透物理力的秘密，我们将“同样对心灵哪怕是至高的心灵作用于自己或物体所凭借的方式或力一无所知”（E 72）。如果我们意识不到自身之中的这种能力，那么我们把它归于一个至高存在什么也解释不了，关于这个至高存在，除了“我们通过反思自己的官能所了解到的东西”（E 72）以外，我们一无所知。休谟还嘲笑贝克莱说：“神若把一些权力授予低等的受造物，肯定要比凭借他自己的直接意志产生万物更能证明他有较大的能力。”（E 71）

休谟在嘲讽方面的才能堪比他的历史学家同仁爱德华·吉本。和吉本一样，论及宗教时，休谟的这种才华最能显示出来。比如在他生前未曾发表的那篇《论灵魂不朽》中，他说“任何东西都无法更完整地呈现人对神的启示所负有的无穷义务，因为我们发现，没有任何媒介能够确定这个伟大而重要的真理”（G 406）。在《人类理解研究》中，他在论神迹一章的最后更加直接地写道，不可能有任何理由让人相信神迹，“**基督教**不仅从一开始就伴随着神迹，即使在今天，任何讲理的人离开了神迹也不可能相信它。单凭理性不足以使我们相信基督教的真理性；如果有人受**信仰**的感动而赞成基督教，那他一定亲身体验到了持续的神迹，此神迹推翻了其理解力的一切原则，使他决意相信与经验习惯非常抵触的东西”（E 131）。

休谟一贯反对基督教，这既有理智根据又有道德根据。比如在《宗教的自然史》一文中，他先是承认“罗马天主教徒是一个非常有学识的教派”，然后又赞许地引用“那个著名的阿拉伯人阿威罗伊斯”的话说，“在所有宗教中，最为荒谬和无意义的是这样一种宗教，其信徒在创造了他们的神之后又吃了祂”（G 343）；他又补充说：“在所有异教信条中，最荒谬无稽的莫过于**实际在场**的信条：因为它是如此荒谬，以致避开了所有论证的打击。”（G 343）加尔文宗的日子也不好过。对于他们，休谟赞同他的朋友谢瓦利埃·拉姆齐的看法，认为犹太人的神“是一个极为残忍、不公正、偏心和荒诞的存在”（G 355）。他较为详细地证明了这一命题，以表明加尔文宗的信徒们在亵渎神明方面胜于异教徒。“更为粗俗的异教徒只满足于将色欲、乱伦和通奸神圣化，而命定论的博学之士却将残忍、愤怒、狂暴、报复以及一切最黑暗的罪恶神圣化。”（G 356）这句话也许会被认为仅仅是在谴责命定论的博学之士，但休谟在《人类理解研究》中已经指出，既然人的一切行动都像物理事件一样是决定的，那么如果把这些行为追溯到一个神，则除了是其他一切事物的创造者之外，祂必定也是“罪与道德堕落的创造者”。莱布尼茨认为，现实世界是一切可能世界中最好的，因此它所表现的所有罪恶其实证明了上帝的善——这种想法对于休谟和伏尔泰来说都是荒谬可笑的，尽管休谟缺乏合适的性情写出一部像伏尔泰的《老实人》那样带有强烈嘲讽意味的作品。

一般来说，休谟倾向于认为，相信神的单一性的人，无论接受的是基督教版本还是其他什么版本的一神教，在理智上都比多神论者更超前，因为在休谟看来，多神论者所信奉的宗教是非常原始的。另一方面，一神论者因不宽容而主动迫害那些不同意其宗教观点的人，这使一神论者“对社会更具破坏性”（G 338）。休谟将宗教信仰的起源归因于人们对自然原因的无知，以及“驱策人心的持续不断的希望和恐惧”（G 351）。为使希望得到满足，恐惧得以减轻，人们求助于与自己特性相似但能力远为强大的存在者。之所以发明这些存在者，据说是因为“人类普遍倾向于设想一切存在者都像自己，并把他们熟悉和明显察觉到的性质转移到每一个对象上去”（G 317）。即使存在者很少甚至从来没有具体形象，其数目减少到一，这种倾向也将持续存在。

休谟从未宣称自己是无神论者。恰恰相反，在《宗教的自然史》等作品中，他公然宣称接受设计论证。他写道：“整个自然结构表明有一个理智的创造者；任何理性的探究者经过认真反思，都不会对真正有神论和宗教的基本原则感到片刻怀疑。”（G 309）这段话并非明显地不诚恳，我不得不按照我个人的偏见将其视为一种讽刺。然而事实上，在《自然宗教对话录》这部杰作中（该书是休谟在生命的最后 25 年中断断续续写成的），我们将会看到，最强有力的论证借斐洛之口说出，他在对话中扮演的角色正是要驳斥那种设计论证，我也同意肯普·史密斯（他编了一个出色的《自然宗教对话录》版本）的看法，即休谟从未公开表明自己的观点，是想让敏锐的读者得出结论说，他持斐洛的立场。在我看来，不仅要使各种更为迷信的有神论名誉扫地，而且要使任何形式的宗教信仰都名誉扫地，这的确是休谟哲学的一个主要目标。

在考察 17 世纪或 18 世纪初任何一位著名哲学家的著作时，必须时刻牢记，他们并没有把哲学与自然科学或社会科学区分开来，这种区分只是最近才兴起的。这并不是说他们把哲学本身看成一门特殊的科学，而是说，他们把每一种形式的科学研究都视为哲学的。对他们而言，主要划分是集中于物理世界的自然哲学和被休谟称为“人性科学”的道德哲学。必须承认，在这两者当中，自然哲学要发达得多。我们对自然界物理运作的认识的进步始于哥白尼、开普勒和伽利略的工作，在玻意耳和牛顿的工作中达到顶峰，而道德哲学家则没有在重要性上可与之相比的工作。然而在某种意义上，洛克和休谟都认为道德哲学最重要。正如休谟在《人性论》导言中所说，其理由在于，“一切科学都与人性有或多或少的联系，不论看上去与人性离得有多么远，它们总会以这样那样的途径回到人性”（T, p. xv）。逻辑学、道德学、评论学和政治学等科学要比其他科学与人性有更紧密的联系，但即使是数学和物理科学也要依赖于人的认知能力。休谟说：“如果我们彻底了解了人类理解力的范围和能力，能够解释我们所运用的观念以及推理操作的性质，那么我们在这些科学中所能做出的变化和改进简直无法言表。”（T, p. xv）

和之前的洛克一样，休谟决定满足这些需求。他对洛克的尊敬是有限度的，他正确地责备洛克过分散漫地使用“观念”一词，又有失公正地责备洛克受到经院哲学家的诱惑而错误地处理了天赋观念问题，并且让“模棱两可和累赘繁冗”贯穿于“在许多其他问题上的……推理”（E 22）。但他同意洛克的这样一种看法，即推理中的实验方法适用于道德科学，他们二人都把牛顿及其先驱者的成就归功于此方法。然而，洛克对牛顿理论有更深的理解。虽然他们都认为牛顿理论依赖于“经验和观察”（T, p. xvi），但洛克注意到，在牛顿那里这种依赖是间接的，而休谟似乎没有注意到这一点。洛克知道，牛顿是通过物体的本身观察不到的“微小部分”的活动来解释物体行为的；他试图将这个事实与他给我们的观念以及随之产生的认识能力所强加的限制调和起来，正是这一努力导致了休谟指责他的“模棱两可和累赘繁冗”。而在休谟口中，牛顿就好像只是在运用直接归纳而已。牛顿在《自然哲学的数学原理》开头所说的那句摒弃假设的名言——“我不杜撰假说”——可能是说他不提出那些缺乏实验证据的命题。而休谟却似乎认为牛顿的意思是，他不作任何不基于观察实例的概括。这一历史错误在一定程度上影响了休谟对因果关系的处理。对因果关系的处理是休谟体系的一个特点，休谟本人也正确地认为它最重要，但我将试图表明，这一历史错误并未严重削弱其论证的力量。它并没有影响休谟发展一种心灵科学的尝试，因为这里的全部关键在于，他能对意识的不同状态做出准确描述，并能基于日常观察做出被认为令人满意的概括。

至少从表面上看，洛克和休谟所遵循的方法非常简单。他们提出了两个问题：提供给心灵的材料是什么？心灵又如何利用它们？休谟对第一个问题的回答是，材料由知觉构成，他将知觉分成印象和观念两类。在赞扬《人性论》优点的不具名的《〈人性论〉摘要》中，休谟说该书作者称“**知觉**是呈现于我们心灵的不论什么东西，无论我们在运用自己的感官，还是受情感驱使，抑或是运用我们的思想和反思”（T 647）。他又说，“当我们感受到任何类型的情感，或者我们的感官带来外物的意象时”（T 647），知觉被称为**印象**。他补充说：“**印象**是生动而强烈的知觉。”这意味着**观念**之所以较为模糊和微弱，是因为观念是在“我们反思不在场的情感或对象时”所产生的（T 647）。

除了对外在对象的指涉（我们将会看到，这对于休谟来说构成了一个严重的问题），这种对印象的论述非常类似于《人性论》中对它的论述。在《人性论》中，休谟把印象解释为“最有力、最强烈地”进入心灵的那些知觉，并把“印象”理解为“初次出现于灵魂中的我们的一切感觉、激情和情感”（T 1）。在《人类理解研究》中，他又满足于把“印象”解释为“我们在倾听、观看、感受、爱恨、欲求或决意时我们较为生动的一切知觉”（E 18），但这个定义过于简洁，以致容易让人误解。印象的显著特征并不是其力量或生动性，而是其直接性；一般说来，这也许会使印象比记忆的形象或幻想的产物（休谟将这些东西归入与印象相对的观念）更为生动，但经验证据表明，情况并非总是如此。

与洛克不同，休谟并不反对说印象是天赋的。他指出，“如果所谓天赋的是指与生俱来的，这一争论似乎就是肤浅而无聊的；我们也不值得讨论思想是在什么时候开始的”（E 22）。在《人类理解研究》的这段话中，休谟所谓的“天赋”是指“原初的或不由先前知觉复制而来的”，而在《〈人性论〉摘要》中则是指“直接从本性中”产生的知觉。在这两个地方，他都断言所有印象都是天赋的。根据第一个定义，很难说我们的感觉印象是这样的，除非对“复制”的理解很狭窄。如果把第二个定义应用于它们，我们似乎只是用了一种不同方式来说明，印象是感知觉（sense-perception）的直接内容。然而，休谟的例子清楚地表明，他这里主要关注的是激情。他的论点是，像“自爱、对侮辱的愤恨或两性的激情”（E 22）这样的东西都是人性所固有的。

在一些段落中，休谟似乎在暗示他对印象与观念的区分可以等同于感受与思想的区分，但这并不意味着他正在预示康德对直观与概念的区分。休谟所说的印象不仅在概念之下进入心灵，而且这些概念一定可以应用于印象。他的论证是：“既然心灵的一切活动和感觉都经由意识而为我们所知，这些活动和感觉必定在每一个特殊情况下都显示为它们之所是，是其显示的样子。进入心灵的每一个事物都**实际上**是一种知觉，不可能任何东西对**感受**来说都显得不同。那就等于假设，即使我们有最亲切的意识，我们仍然会犯错。”（T 190）虽然休谟是在否认印象可以伪装成外在对象时讲这段话的，但我认为休谟的意图显然是想让他所主张的“一切感觉都被心灵如实地感受到”应用于我们对其性质的认识。在这一点上他是否正确，是一个悬而未决的问题。我们无疑可以诚实地错误描述我们的感受以及事物向我们呈现的方式，但可以说此时我们的错误是纯粹语词上的，正如罗素所说：“我所相信的是真的，但我选错了语词。”困难在于，在有些情况下，事实错误与语词错误之间的界限不容易划清。幸运的是，就休谟的情形来说，他可以把这个问题搁置起来。他不得不说，我们对印象性质的估计不大可能犯错误，但并非绝对不会错。事实上，在估计于空间中延展的复杂印象的相对比例时，他承认有可能产生怀疑和出错。关于它们是“大于、小于还是等于”，我们的判断“有时是不会出错的，但并非总是如此”（T 47）。

在休谟对印象的论述中，一个更加关键的要素是，他认为所有印象都是“内在的、易逝的存在”（T 194）。正如休谟通常所做的那样，他支持这种观点的论证是逻辑与实验的混合。那些据称“使我们确信我们的知觉没有任何独立存在性”的实验在哲学文献中通常有一个不太恰当的名称，即“出于幻觉的论证”。“我们的所有知觉都依赖于我们的器官，依赖于我们的神经和灵魂精气”，对这一有事实证据的看法的确证是，“物体看起来近大远小，物体的形状看起来在改变，我们在疾病和发热时物体的颜色和其他性质都在变化；此外还有无数其他同样类型的实验”（T 211）。

除了休谟是否有权根据他的前提以这种方式利用物理学和生理学，这个论证显然不能令人信服地反驳像里德那样的反对者，他们采取一种常识看法，认为在感知觉的正常运作中，物体是直接呈现给我们的。该论证之所以不能令人信服，是因为他们的立场并不必然使他们否认我们的知觉因果地依赖于除所感知对象的存在性之外的其他一些因素，也并不必然使他们坚称我们总是按照事物的实际状况去感知事物。因此我认为，休谟如果依赖于他的纯逻辑论证也许会更好，即假定一个被定义为特殊知觉内容的东西可以独立自存，这是自相矛盾的。简而言之，印象被命令为“内在的、易逝的”。稍后我将无视目前流行的观点，论证这一点（或至少是某种与之非常相似的看法）是一个合法的程序，它可以成为一个站得住脚的知觉理论的基础。

出于一些很快会看得很明显的理由，休谟主要关心的是**观念**，但对于自己如何使用“**观念**”一词，他的说明却是草率的和不当的。他在《人性论》中说，他所谓的**观念**是指印象“在思维和推理中”的“模糊意象”（T 1）；在《〈人性论〉摘要》中说：“当我们反思一种不在场的激情或对象时，这种知觉就是一个**观念**。因此，**印象**是我们生动而强烈的知觉，**观念**则是更为模糊和微弱的知觉。”（T 647）《人类理解研究》给出的解释非常相似，只是解释顺序倒了过来。该主题是这样引入的：“我们可以将心灵中的一切知觉分成两类，它们是由力量和生动性的不同程度来区分的。”（E 18）

之所以说休谟的这些解释是不恰当的，并不只是因为它们错误地假定，概念的运作（对休谟来说，这是观念的表现）总是由意象实现的。毋宁说，休谟侧重于一个错误的因素。为了论证，让我们考虑这样一种情况，即某种激情或感觉的确以意象的形式表现出来。该意象与原先的激情或感觉出现时相比也许更不生动，也许相反。关键在于，不论意象有多么生动或模糊，它都不能使自己超出自身。激情或感觉的意象只能被解释为一种象征；它必定会使人相信它所**代表**的东西的存在，而不是它自己的存在；于是它自身相对强度的问题就变得不相干了。

这些观点可以用记忆的例子加以清楚说明。休谟对记忆所言甚少。他把记忆称为我们重复自己印象所凭借的一种官能，虽然在他看来，任何印象当然都不可能原样重复；他还说，在记忆中复制的东西就其生动性而言“介于印象和观念之间”（T 8）。一般来说，休谟似乎理所当然地认为记忆是可靠的，至少是就最近发生的事件而言。他在很大程度上把记忆的材料置于与感知觉的直接材料相同的层次上，并把它们当成知识的来源，充当着更大胆的推论的基础。我们将会看到，我们有权做出他主要关心的这些更大胆的推论。这里有意思的是休谟对记忆的观念与想象的观念之间的区分。根据我们现在将要考察的休谟哲学的一条基本原则，这两种观念必须都来源于以前的印象，但记忆（只要它正常起作用）“保存了呈现其对象的原有形式”以及对象最初出现时的顺序，而想象，只要处于过去的印象的范围之内，却可以按照任何顺序自由地安排其对应物的顺序，并且随心所欲地对其进行组合，不管这些组合是否实际出现过。但这里有一个困难是休谟基本上忽视的，他只顺便提到过一次，即我们无法回到我们过去的印象去发现这种差异是在哪里获得的。因此，我们实际上只有通过“记忆较大的力量和生动性”（T 85）才能区分记忆和想象。《人类理解研究》也用同样的说法来区分印象与观念。较之“生动而强烈的”记忆观念，想象的观念是“模糊和无力的”（T 9）。

这显然是不可接受的。首先，我们完全有可能记起过去的经验，比如我们参与过的一次交谈，或者当事情出差错时的失望感，这根本不需要借助任何意象。我们甚至可以不借助任何实际意象来想象某种东西是事实。不过，我们还是只考虑意象的确发挥作用的情况。认为服务于想象的意象总是比进入记忆的意象更加模糊无力，这完全是错误的。事实上，休谟本人在《人性论》附录中的一节中承认了这一点，并且搪塞说，即使诗意的虚构描绘出更为生动的画面，它所呈现的观念仍然“不同于从记忆和判断中产生的**感觉**”（T 631）。但这其实等于承认，关于相对生动性的整个问题是不相关的。无论是否借助于意象，记忆的独特特征是它展示了一个人对他所了解的事物的信念：在休谟所关注的意义上，这种信念是对过去某种经验出现的信念。而想象的独特特征（除了在说某物是想象的意味着它并不存在这种意义上）则是，就它所表现的事态的存在而言，它是中立的。休谟正确地认为，一个人对于过去经验的记忆与他在想象中对他相信的确出现过的经验的重构之间只有“语气上的”不同，但如果他把这看成唯一的或主要的争论所在，那他就错了。

这里我用了“如果”一词，是因为我们并不清楚休谟是否总是这样认为。休谟不是一个一致的作者，他在《人性论》附录的题为“论观念或信念的本性”一节的一个注释中说，在对信念做出哲学解释时，“我们只能断言它是被心灵**感受**到的某种东西，它将判断的观念与想象的虚构区分开来”（T 629）。虽然休谟并没有把记忆明确包括在判断的观念之中，但从前后文可以看出这一点；同样，虽然休谟进而把我们所认同的观念说成比我们的幻想“更加强烈、牢固和生动”，但现在看起来，他似乎是在一种技术意义上来使用像“生动”这样的词的，暗示着这些词所限定的观念值得赞同。

问题在于，休谟缺乏一个关于意义和指称的恰当理论。在《人性论》附录的结尾，他承认并不满意自己对信念的讨论。由于他把信念首先与推理联系在一起，并假定一切推理最终必须建立在某种印象的基础上，所以他最初把信念定义为“与当前印象相关或相联系的生动观念”（T 96），但在这里，“生动”一词是不适当的，除非用它来代替像“被同意的”这样的表述。休谟的确提出了一个有效的论点，即信念不能是附加于为信念提供内容的观念的更进一步的观念，因为正如我们现在要指出的，用一个句子来陈述的东西，无论它是否被相信，都是相同的。休谟指出，信念也不能是一种印象，因为它依附于仅由观念所组成的结论上。他有时把信念称为一种情感，却没有澄清在既非印象亦非观念的情况下情感究竟是什么。最后，他不得不在《人类理解研究》中说：“信念不在于各个观念的特殊本性或秩序，而在于对它们的构想方式，在于心灵对它们的感受。”（E 49）这样说几乎没有什么启发性，但为公平对待休谟起见，可以说关于给信念做出一种既非平凡亦非循环的分析的问题仍然有待解决。我认为，最近通过行动倾向来分析信念的尝试并不成功。

我们也许会认为，休谟对抽象观念的论述中包含着一个指称理论，但在这里，他比其他任何地方更受到其错误假设的妨碍，即对概念的运用在于构造一个意象。这导致他无谓地致力于证明意象有确定的性质，他并没有把这一命题与他同样论证的另一个命题明确区别开来，即意象代表着那些本身有确定性质的特殊个体。我不确定这些命题中第一个是否为真，但即使两者都为真，它们也是不相干的，因为使用一个一般词项并不需要伴随着一个意象或对任何特殊个体的思想。贝克莱"发现"，词项之所以成为一般的，并非因为它们代表着一个抽象的东西，而是凭借它们的使用。休谟对这一"发现"明智地表示欢迎，但对于它们的使用，他只是说："个体被集合起来置于一个一般词项之下，以使它们互相类似。"（T 23）

此前我曾提到休谟关于观念起源的一条基本原理，它最初见于休谟的《人性论》：**"我们的全部简单观念在最初出现时都来源于简单印象，这些简单印象对应于简单观念，并为简单观念精确描述。"**（T 4）对休谟而言，该原理的最重要之处在于，它为观念或概念的正当性提供了标准。正如他在《人类理解研究》中所说："当我们怀疑对一个哲学词项的使用没有任何意义或观念时（这是很常见的），我们只须考察**这个词项据称源于什么印象。**"（E 22）

休谟把这当成一种经验概括，但奇怪的是，他立即给出了一个反例。他设想了这样一种情形：一个人熟悉各种不同的色度，却漏掉了其中一个色度。休谟非常正确地指出，此人可以就这个漏掉的色度形成一种观念，认为它在色度上介于其他两个色度之间。在设计出这个反例之后，休谟又轻率地不再考虑它，说它过于“特殊和异常”，不足以使他放弃其一般准则；事实上，他继续认为他的准则是普遍成立的。倘若休谟能够修改他的原理，使之适用于观念的实现而非观念的来源，他本可以避免这种对逻辑的有意冒犯。那样一来，它会要求一个观念能被某种印象所满足。我认为，如果能够无偏见地理解“满足”一词，以便让观念在进入一个至少能被感觉经验间接确证的理论时得到满足，那么这条原理是能够得到辩护的。但这会使我们远离休谟。他可能接受的修改是，观念必须能被印象所例示，但这种修改虽然可以适应休谟所举的反例，约束性仍然太强。在实践中，休谟接受那些能被物体所例示的观念，这些物体本身是通过想象力的某些活动从印象中建立起来的。我们将会讨论这种实践与他的正式理论是多么相左。

在集中讨论了观念之后，休谟又考察了观念连接的方式。在《人性论》中，他区分了七种不同的哲学关系，并按照能否是“知识和确定性的对象”而把它们分成两组。其中有四种关系能够达到这个目标，因为它们只依赖于观念的内在性质，这四种关系是：**相似关系**、**相反关系**、**性质程度关系**和**数量比例关系**。其余三种关系是：**同一性**、**时空关系**和**因果关系**。休谟把**同一性**放在第二组的理由是，完全相似的对象如果不在时间和空间上重合，仍然可能在数量上不同。这证明了一个已经明了的事实，即休谟所谓的观念之间的关系并不仅仅是观念之间的，而且也扩展到了落在观念之下的对象之间的关系。事实上，在休谟列出的所有关系中，也许只有**相反**是纯粹概念的。

这种对关系的划分预示着休谟的第二条基本原理，即“人类理性研究的一切对象都可以自然地分为两种，即**观念的关系**和

事实”（E 25）。在这句出自《人类理解研究》的话中，关于观念关系的断言被当作纯概念的，因而被当成“在直观上或证明上确定的”。它们包括几何、代数和算术等科学。对此休谟谈及甚少，他自己的兴趣在于我们对事实的信念。因此他在《人类理解研究》中将所列的关系减为三种，“即**相似关系**、时空中的**邻近关系**和**因果关系**”（E 24）。前两种关系只不过是联想的原理，重要的关系是因果关系。根据休谟的说法，一切涉及事实的推理似乎都依赖于因果关系。

接下来，休谟着手探究的正是这种关系。但必须指出，当他在自然哲学领域中探究这一关系时，他认为因果关系不适用于转瞬即逝的印象之间，而是适用于持久的对象之间。他举的例子表明了这一点。事实上，只有以这种方式来看，他对因果性的分析才显得可信。同样，在讨论道德哲学时，他也依赖于持久自我的存在。因此，我们必须先来说明休谟如何在没有显示出明显不一致的情况下得出了这些构想。

第三章

物体与自我

无论休谟宣称什么样的怀疑论，他无疑相信那种常识意义上的物体的存在。即使我们假定他在撰写《英国史》和政治随笔时将他的哲学自我抛诸脑后（他实际上并未这样做），并且真如他所说，在与朋友们愉快地玩十五子棋时的确忘记了他的哲学自我，他的哲学著作中也有充分证据表明他的确有这种信念。他对那些被他列为“派生印象”的激情和情感显示出了兴趣，因为它们在其道德哲学中起着某种作用，但无论是在《人性论》的第一卷，还是在《人类理解研究》中，他都没有非常重视原初的感觉印象。对于它们，他作了一些一般性评论，正如我们看到的，他提到了它们作用于心灵的力量和生动性，也提到它们是“内在的、易逝的存在”，但在细节上却几乎没有说什么。当他举出事实的例子时，他提到的不是颜色和形状，而是凯撒在罗马元老院之死，是水银和黄金的属性，是人体的肌肉和神经，是太阳和行星，是花草树木，是台球的相互撞击。我们将会看到，休谟对因果关系的分析所依靠的正是这种对象的恒常连接。倘若他真的相信除印象之外没有其他任何东西，那么他必定会把理论应用于印象，而这样做毫无用处，因为我们的实际印象并没有显示出所需的规律性。举一个简单的例子，虽然春天种的玫瑰通常会在夏天开花，但这并不是说看到种玫瑰的印象之后通常会跟着看到它开花的印象。看花的人也许后来不在那里了，即使还在那里，他的注意力也可能转到了其他事情上。

姑且假定休谟相信（出于他本人的哲学目的，他也需要相信）物体的存在。事实上，在《人性论》题为“论对感官的怀疑态度”一节（这一节是人们把“外在世界理论”归于休谟的主要证据）的开头，他令人困惑地说：“我们也许会问，**是什么原因促使我们相信物体的存在**？但问**是否有物体存在**却是徒劳的。我们在一切推理中都必须把这一点视为理所当然。”（T 187）即便如此，仍然有一些问题需要解答。我们已经看到，被休谟视为理所当然地存在的物体是像房屋、书籍、树木以及动物和人的躯体及其内脏器官这样的东西。他是如何构想它们的呢？是像洛克一样视之为感觉印象的外在原因？抑或像贝克莱一样视之为可感性质的聚集？还是按照他自己的某种方式来构想？关于我们如何渐渐相信有物体存在这个因果问题，他给出了回答，但他说问是否有物体存在是徒劳的又是什么意思呢？对这一陈述最明显的解释是，我们关于物体存在的信念无疑是真的。但休谟对这一信念的原因进行研究的最终结论却是，无论是以通俗形式还是以他所谓的“哲学”形式来思考，它都不仅不是真的，而且是完全混乱的。诚然，他并不指望这个结论能有什么持久的可信性。他说：“只有粗心和不在意才能给我们补救。为此我完全依靠它们。而且无论读者此时有什么看法，我都理所当然地假定他在一个小时之后将会相信既有外在世界，也有内在世界。”（T 218）我们是否应当认为这段话确证了肯普·史密斯的观点，即休谟试图让我们的“自然信念”战胜我们的理解力？但这些自然信念究竟是什么呢？

这一论据再次是相矛盾的。休谟有一些段落似乎暗示，在谈到“外在”对象时，他以洛克的方式将其设想成我们“内在而易逝的”感觉印象的相对持久的原因。例如，我们已经看到，在《〈人性论〉摘要》中定义印象时，他谈到我们拥有感官传达给我们的对外在对象的意象。又如在《人性论》“论激情”一卷的开头，他在区分原初印象和派生印象时把原初印象称为“没有任何先前的知觉，而由身体的构成、由灵魂精气或由对象接触外部器官而在灵魂中产生的那些印象”（T 276）。在《人性论》第一卷讨论时间和空间观念的一章中，他说：“我们只有凭借呈现于感官的外在性质才能认识物体”（T 64），而附录对这一章所作的一个注释也表明，物体具有超出我们认识的其他性质；在这个注释中，他谈到物体位置（可能允许真空，也可能不允许真空）的真实本性是未知的（T 639）。他认为“牛顿哲学”（他基本上不去进行质疑）蕴含了这一点。然而，他在某一次考察其基础时却非常坚决地驳斥了它；他还暗示，即使是读者的粗心和不在意也不能使他接受这一点。

和往常一样，《人类理解研究》更为优雅和清晰地概括了一种立场，《人性论》则为此立场提出了论证。从这里我们得知：

> 似乎很显然，人类凭借一种自然本能或偏见将信赖寄托于他们的感官；我们不经任何推理，甚至在运用理性之前，就总是假定有一个外在的宇宙不依赖于我们的知觉而存在着，即使我们和一切有感觉的造物都不在场或被消灭了。（E 151）

接着，休谟甚至把这种信念归于“动物的创造”，然后他又说：

> 同样似乎很显然，人们在追随这种盲目而强大的自然本能时，总是假定感官所呈现的那些意象正是外界物体，他们从来想不到，一个只不过是另一个的表象罢了。这张桌子，我们看到是白的，感觉是硬的，相信它独立于我们的知觉而存在，是某种外在于感知它的心灵而存在的东西。我们的在场不能赋予它以存在，我们的不在也不能消灭它。它把它的存在保持得齐一而完整，无论感知它或思维它的智能生命位于何处。（E 151—152）

不幸的是，在休谟看来，“所有人的这种普遍而根本的信念”经不起批判的考察。它屈从于“最脆弱的哲学”，其结果是，“任何人只要进行反思，都不会怀疑，当我们说‘这个房屋’和‘那棵树’时，我们所思考的存在仅仅是心灵中的知觉，是保持齐一和独立的其他事物在心灵中引起的短暂的摹本或表象”（E 152）。如果我们有充分的理由相信这些独立对象的存在，那么这一切都没有什么问题，但他却坚称我们没有这样的理由。他认为，那种关于我们的知觉与外在对象联系在一起的假定显然并非基于经验，“在推理中也没有任何基础”（E 153）。这就使持怀疑态度的人控制了局面。休谟对这一结果并不满意，但也没有寻找反驳它的方法，比如寻找论证中的漏洞。他只是对它不予理会罢了。为了反抗持极端怀疑态度的人，我们可以问，他认为他的活动服务于什么目的。他“不能指望他的哲学会对心灵有任何恒常的影响；即使有，他也不能指望那种影响会有益于社会”（E 160）。恰恰相反，这种影响将非常有害，因为它所导致的不作为将会终止人的存在。但“自然的强大超出了任何原理”。这个持怀疑态度的人将不得不承认，“他的所有反驳只不过是娱乐，只能显示不得不进行行动、推理和相信的人类的古怪状况”（E 160）。这一类评论的确支持了肯普·史密斯的理论，即休谟关注的是表明理性应当让位于我们的自然信念，但我并不认为这些评论能够决定性地确立史密斯的理论。如果这的确是休谟的意图，我认为他不会以一个怀疑论的评论来结束这一节，强调我们无法为作为我们行为基础的假设作辩护，或者消除可能对这些假设提出的异议。他也没有明确断言我们的自然信念为真。

然而在一个重要的观点上，我同意肯普·史密斯的看法。我也认为，从休谟推理思路中可以引出一种不会归于怀疑论的知觉理论。这意味着我们将在一两个地方与休谟发生分歧，但这些分歧还不至于大到无法达成和解的地步。它们大都是对其论点的重新评价而非拒斥。我将试图表明我认为应当如何做到这一点，但我想先来追溯《人性论》相关章节实际遵循的思路，其中对我们现在的目的来说最重要的是“论对感官的怀疑态度”这一节。

在这一节，休谟着手回答的主要问题是：“为什么即使对象不呈现于感官，我们也会赋予对象以一种**持续的**存在性？我们为什么假设对象有一种**迥异**于心灵和知觉的存在性？”（T 180）他认为这两个问题是相互依赖的，因为只要能够回答其中一个问题，另一个问题也就迎刃而解。休谟正确地认为，如果对象的确有一种他所定义的持续存在性，它们也将有一种迥异的存在性，但反过来并不必然成立。情况有可能是（而且的确被罗素在《哲学问题》中以及在其他地方主张过），直接呈现于感官的对象迥异于心灵，但只有短暂的存在性，因为它们在因果上依赖于感知者的身体状况。

在这一点上我同意休谟的看法，但有一个重要的保留。正如我们已经指出的那样，休谟虽然主要依靠经验论证，包括对原因因素的提及，但他也显示了某种倾向，要使下面这一点成为逻辑真理，即感觉印象与它们在其中发生的知觉状态是不可分的。我曾指出，经验论证并不是决定性的，虽然正如我们将会看到的，它们的确阻碍了目前对里德等人观点的平静接受；我曾提出，休谟本应满足于坚持他的逻辑原则。我的保留是，这并不足以使他从一开始就把印象定义为依赖于心灵。事实上，这样一种定义与我们要考察的休谟本人的观点是不一致的，其观点是，自我只不过是一束在逻辑上独立的知觉罢了，由此他推出，知觉可以离开其他任何东西而存在。但这并不是我想强调的重点，因为休谟并未坚称任何知觉都是这样的。毋宁说我的观点是，如果把印象当成知识次序中原始的东西，那么印象最初就既不会依靠心灵，也不会依靠身体。在这一阶段，心灵和身体都没有被牵连进去。

但休谟有权把印象看成原始的吗？我认为他有，这有以下两个原因。首先，一个人接受任何关于休谟所谓事实的命题的理由最终显然必须依靠某个知觉判断的真实性。第二，很容易表明，我们通常的知觉判断所断言的要比作为其源头的感觉经验所承诺的更多。虽然一个人在做出像“这是一个烟灰缸”“那是一支铅笔”这样的简单知觉判断时，他通常意识不到自己在作任何推理，但在某种意义上，它们的确包含着推理。但那样一来，这些推理必须有某种基础。用罗素的术语来说，必须有“确凿的材料”作为这些推理的基础。休谟的印象正是这种确凿的材料，只不过叫了另一个名字而已。

这个论证中第二步也遭到了质疑，但要看出它是有效的，只需回想一下我们日常的知觉判断所载有的非常广的假设。首先，把某种东西刻画成一个可观察的物体要涉及种种假设。它必须能被不止一种感官和任何健全的观察者所感知，必须能在不被知觉的情况下存在，还必须在三维空间中占据一个或一系列位置，持续一段时间。通常，我们也不会只对这些一般的假设表态。我们很少会满足于做出非常无力的声明，比如自己正在感知某一类物体。在正常情况下，我们会更明确地把它确认为一个烟灰缸、一支铅笔、一张桌子或其他什么东西，从而承诺了一套更进一步的假设。当我们宣称感知到某个活物时，这些假设也许会与此对象的起源或物理结构有关。在涉及铅笔这样的人工物时，我们做出一个关于其因果能力的假设。我们对一个声称看到或触摸到的对象的描述往往蕴含着它对其他感官可能产生的影响，蕴含着我们赋予它以能力而产生的声音、味道或气味。

但现在已经很明显，这整个理论不可能从任何单一的感觉经验场合中抽取出来。我看到了我毫不犹豫地认出是我面前桌上的一盏台灯的东西，但视觉样式本身之中没有任何东西可以从中推出：此对象是可触的；如果有任何其他观察者在场，那么他也会看到它；即使处于同一位置，它也可能一直不被感知；它部分是铜制的；在其阴影处有一个灯泡插座；此灯泡可以作为光源；等等。就这盏灯而言，呈现于我的感官的只是一种视觉样式，其他一切都是推论。这并不意味着当我说我看到了这盏灯时我的说法是错误的，甚至是我误用了"看到"这个动词。在这里，我默默做出的假设无疑都是真的，在使用知觉动词时，被当作其宾格的通常并不是我所说的"确凿材料"，即相关感觉经验的实际内容，而是"确凿材料"充当其感觉线索的物体对象。但忽视"确凿材料"并非取消它们，推论也不会因为未被承认而被除去。

当代哲学家都满足于把对物体的知觉当作自己的出发点，这未必是错的，因为没有人必须对知觉进行分析。只有当他们坚称或暗示这种分析不可能时才会陷入错误。

对休谟出发点的标准反驳是，它把主体限制在一个该主体永远无法逃脱的私人世界中。这种反驳若是有效，将会非常严重，但它并不是有效的。关于感觉样式的描述，没有任何东西是私人的。任何有必要经验的人都会理解这样的描述。诚然，感觉样式是因为在特定时间出现在特定感觉场域而变得具体的，这个感觉场域实际上只包括在一个人的经验中。同样，一个人在特定时间对于某个物体的感知只是他自己的，而不是其他任何人的。关键是，在印象的定义中并没有提到印象的物主身份。作为原始要素，除了内在特性，它们在各方面都是中性的。我们能否找到一条可行的道路从它们通向物体，能否找到途径区分这些物体与我们对它们的知觉，这仍然是悬而未决的问题。我们也许会在这样或那样的情形下遇到无法克服的障碍，但这肯定不是一开始就可以预先判断的。

休谟很早就遇到了这些障碍。我们已经看到，他很肯定地认为，“几乎所有人，甚至是哲学家自己，在其一生的大部分时间里，都把他们的知觉当成他们仅有的对象，并假定亲密地呈现于心灵的存在本身就是实际物体或物质存在”（T 206）。但他们必定弄错了，因为休谟在这里所说的实际物体的典型特征就是有一种持续而迥异的存在性，而知觉则是“依赖的和易逝的”。因此，他们假定同一个对象既可以又不可以在时间中持续，这是矛盾的。

在考察休谟对我们如何陷入这一错误所作的解释之前，需要指出的是，根据休谟的看法，这种矛盾不像它初看起来那么明显。我们已经看到，他把同一性包含在他所列举的哲学关系中，但同一性现在却成了一种任何知觉都无法满足的关系。这个结论源于休谟对我们如何产生同一性观念这个问题的处理。他指出，同一性不能由一个对象所传达，因为"如果'对象'一词所表达的观念与'它自身'的意思无法区分"，那么"对象与它自身同一"这个命题就是无意义的（T 200）。单个对象所传达的观念不是同一性观念，而是单一性观念。但如果单个对象无法传达同一性观念，那么多个不同对象就更无法传达了。那么，同一性观念从何而来呢？它可能是什么东西呢？

休谟对这些问题的回答是，同一性观念源于我们在思考时间时自然犯下的错误。他曾经指出，"时间在严格意义上蕴含着相继，当我们把它的观念应用于任何不变的对象时，只有通过想象力的虚构，不变的对象据信才参与了共存的对象，特别是我们知觉对象的变化"（T 200—201）。然而，我们深深地沉迷于想象力的这种把戏，从而使对象的观念就好像在单一性和数目之间保持平稳。因此当我们把同一性归于一个对象时，我们的意思必定是"在一个时间存在的对象与在另一个时间存在的它自身是相同的"（T 201）。只要它们出现在恒常变化的情况下，那么至少对我们的某些知觉来说，如果它们持续不发生变化，这就可能是正确的。麻烦在于它们并非如此。

那么我们如何渐渐认为它们是如此的呢？休谟自己的解释如下：

> 我们赋予持续存在性的一切对象都有一种特殊的恒常性，使之区别于其存在依靠我们知觉的印象。我现在眼中看到的那些山脉、房屋和树木总是以同一秩序呈现给我；当

我闭目或回头看不到它们时，我很快又发现它们毫无改变地回到我面前。我的床和桌子、书和纸张，以同样均一的方式呈现出来，并不因为我看到它们或感知它们而有任何中断。凡其对象据说拥有一种外在存在性的一切印象都是如此；其他对象则不是这样，无论它们是温和的还是强烈的，有意的还是无意的。（T 194—195）

这等于说，相继的印象之间的极度相似性，以及同样重要的，它们与展示同一内在相似性的序列成员处于似乎恒定的空间关系，使我们把它们看成彼此相同的，并且忽略了它们之间实际出现的中断。结果在我们的想象中，它们被一个持续存在的事物所取代，休谟不加区别地将这个事物称为一个对象或知觉，我们认为这个对象或知觉即使不被感知也仍然存在。正如我们已经看到的，由于休谟显示出某种倾向要使印象是内在的和易逝的成为一个逻辑真理，所以当我们发现他说“假定可感对象或知觉的持续存在并没有包含矛盾”（T 208）时就会感到有些惊奇。他的理由不仅是“一切知觉彼此之间都可以相互区别，可以看成分别存在着”，从而“将任何特殊的知觉与心灵相分离并无任何荒谬”（T 209）。他还承认，“那个持续而不间断的存在就可以有时呈现于心灵，有时又不在心灵，但这个存在本身却没有任何实际的或本质的变化”（T 207）。虽然我现在要试图表明，休谟无须以这种特殊方式做出让步，但我认为这一让步是真诚的，而不只是对我们想象力所及进行描述。休谟可以获得这种让步带给他的东西，同时使否认任何实际印象有持续的存在性成为一个逻辑问题而不是经验事实。事实上，休谟认为任何知觉在不被感知的情况下继续存在是完全错误的，因此认为中断了的知觉是同一的也是错误的。他得出这一结论的理由在于他接受了那种出自幻觉的可疑论证。他正确地推论说，如果知觉有一种持续的存在性，那么知觉也会有一种迥异的存在性，但他又说，经验表明它们不具有迥异的存在性。对于感官来说，运动和坚硬、颜色和声音、冷和热、痛苦和快乐等等都有同等的地位，它们都“只是由身体各部分的特殊结构和运动所产生的知觉罢了”（T 192—193）。

休谟认为恒常性现象的首要作用在于促使想象力把印象转变成持久的对象，但他认为恒常性现象本身并不足够。恒常性现象在运作时，还要得到他所谓的融贯性的帮助，为此他举了两个例子。第一个例子是，他离开屋子一小时后又回到屋里时，发现炉火比他离开时小一些。由于他经常目睹炉火渐熄的过程，他的想象力填补了这一间隙。第二个例子更为复杂，说的是门房给他送来一封他的朋友从几百公里以外寄来的信。他听到开门的声音而并未亲眼看到，也没有看到门房在上楼，更没有看到邮递员和邮船的活动，但凭借着过去的经验，他将门的嘎吱作响与看到门开联系在一起，并且知道门房不上楼就到不了他的房间；经验告诉他，不通过可以看到的运送方法，就不可能把信件从很远的地方送来。就这样，他的想象力再次填补了间隙。但应当指出，在这个例子中，想象力所承担的工作远比前一个例子要多。这里已不再是想象力为以前相似的序列成员提供失去的对应物的问题了。很可能并没有这样的序列；例如，休谟不大可能实际看到一封信从几百公里以外运送到这里。在这个例子中，他的想象力不仅扩展了恒常性原则，以便为自己提供足够多的日常对象，而且正如休谟自己所承认的，想象力还强加了比过去经验中实际发生的更大程度的融贯性。使这种程序变得正当的乃是其解释力。

即使如此，休谟仍然坚持认为我们的想象力在欺骗我们。事实上，我们的知觉对象并没有一种持续而迥异的存在性。哲学家们试图通过区分知觉和对象来克服这个困难，允许知觉是“间断的和易逝的”，而赋予对象一种“持续的存在性和同一性”。但这种“新体系”乃是一种欺骗。“它包含了通俗体系的一切困难，也含有自身特有的其他一些困难。”（T 211）首先，它将它对想象力的诉诸完全归于通俗体系。“如果我们完全确信我们的类似知觉是持续的、同一的和独立的，我们就永远不会陷入这种关于双重存在的观点”（T 215），因为那样一来它将没有用处。如果我们完全确信我们的知觉是依赖的、中断的，我们也不会接受双重存在的观点，因为那样一来，我们对某种持续存在之物的寻求便会缺乏动力。正是由于我们的心灵在两个相反的假设当中游移不定，才导致哲学家同时接受它们而又试图掩盖其矛盾。其次，这一假说得不到理性的支持，因为我们把我们的知觉与根据假说永远经验不到的对象关联起来并无理性根据。陷入此骗局的哲学家实际在发明另一套知觉，并赋予它持续而迥异的存在性。而如果他们的理性容许，他们会把这种存在性归于我们的实际知觉。简而言之，这个哲学体系“充满了这种荒谬性，它既否认又确立了那个通俗的假定”（T 218）。

我想指出，休谟并没有公平对待这个哲学体系。这个哲学体系本身是站不住脚的，但它的确指出了一种解决休谟困难的方法。不过，他对这一体系的洛克版本的攻击却是正当的，后者大概是其实际靶子。无论我们最后在事物的本来面目与事物向我们呈现的之间做出怎样的区分，它都不能正当地采用一种多重“世界”形式。物体并非仅仅作为一个人感知到的东西的无法觉察的原因而被牵连进去的，如果物体能够如此被牵连进去，那么认为物体与其可知觉的效果具有相似性将是没有根据的。

那么，我们是如何获得一种有根据的信念，相信拥有我们通常认为的那些可知觉特性的物体是存在的呢？我认为休谟本人给出了最好的回答。他援引恒常性和融贯性现象来解释我们如何陷入幻觉，以为我们的知觉有一种持续而迥异的存在性。可以认为，恒常性和融贯性现象为想象力把感觉印象（或如罗素所说的知觉对象，我也倾向于这样称呼它）转变成常识物理世界的组成部分提供了恰当的基础。休谟所犯的严重错误仅仅是，他以为由此得到的对象是虚构的。存在的东西在一定程度上依赖于我们的理论允许存在的东西；根据休谟的原则，可由知觉对象发展出来的理论包含着可接受的存在性标准。因此，没有理由否认满足这些标准的对象的确实际存在。

据我所知，哲学家普赖斯第一次认真尝试通过发展休谟的恒常性和融贯性概念而使对物体的通俗信念正当化，他的《休谟的外在世界理论》一书出版于 1940 年。这是一部极为透彻和别出心裁的著作，但尚未引起应有的重视。普赖斯从罗素那里借用了“可感物”（sensibilia）一词来指那些也许未被实际感觉到的印象，并且令人信服地详细表明了，在我们认为源于同一物体的各种印象系列中的不同位置出现的空隙如何可能支持这样一种构想，即用未被感觉的可感物来填补这些空隙。普赖斯并不认为休谟会赋予“这些未被感觉的可感物实际存在着”这一陈述以任何意义，但他的确认为，休谟可以一致地采用这样一种理论，即当我们提到某个物体时，我们是在断言如果有恰当的可感物存在着，我们的实际印象就会如其所是；也可以采用一种更为实用的理论，即关于物体的陈述虽然没有真值，却可以被视为解释和预见实际印象出现的较为成功的方法。尽管普赖斯的建议更加忠实于休谟，但我认为一种更加实在论的理论要比这两种可选方案更可取。我对普赖斯论点的主要反驳是，它把物体描述成他所谓的可感物"家族"，这些家族的各个成员具有互相冲突的属性，在特定时间占据着或者好像占据着特定的位置。普赖斯试图通过把各种性质相对化为不同观点来避免这个矛盾，从而使从一种观点来看是椭圆的可感物在时空上符合从另一种观点来看是圆形的可感物或实际印象，但这种策略希望渺茫，甚至缺乏融贯性。

我认为，如果利用视觉和触觉印象出现在有空间扩展和时间重叠的感觉场之中这个事实，我们就会得出一种更为现实也更简单的理论。换句话说，我们的确凿材料不仅包括个体化的样式，也包括它们彼此之间的时空关系。这是我们经验的一个特征，而休谟却出人意料地几乎没怎么注意到这一点。事实上，在组成《人性论》第一卷第二部分的六节中，休谟的确用五节来讨论时间与空间的话题，但它们主要涉及概念上的困难，倘若他愿意把几何学交给数学家，并且坚持他将在《人类理解研究》中做出的"观念的关系"与"事实"之间的截然区分，那么他把这些困难留给数学家去解决也许会更好。实际上，休谟坚持从感觉印象中过分简单地导出数学概念，因此不得不否认"无限可分"的概念。他指出，对任何有限广延的观念乃至印象都必定是复合的，由有限数目的数学点的并置所组成。这些点是具体对象，根据易受视觉或触觉的影响而要么有颜色要么可触摸。它们是"最小可感物"，这并非因为它们是我们所能感觉的最小对象（因为更强大的显微镜的发明也许会表明，我们曾经以为简单的印象实际上是复合的），而是因为它们没有部分。由此休谟推出，每一个视觉或触觉的感觉场都是一个充实体，因为我们不可能有两个印象之间的空间间隔的观念，除非把它们设想成由这些有颜色、可触摸、不可分的点复合而成的某种东西。对空间为真的东西也适用于时间，每一种情况下都用相同的词项，并以直接相继来代替时间上的邻接。在其他明显的困难中，休谟的理论显然与芝诺悖论相冲突，但数学连续性理论直到19世纪才正确发展起来，休谟的麻烦部分源于他无法理解无限多个部分如何可能组成某个比无限整体更少的东西。即便如此，休谟愿意赋予感觉的唯一时空关系就是邻近关系，这很奇怪，因为这给我们的感觉经验上强加了一个它根本不服从的限制。

那种实际上刻画我们大多数感觉经验，特别是我们的视觉场序列的时空连续性支持把时空关系投射到其最初界限之外。这样一来，相继的感觉场就可以渐渐被视为空间上相邻的。于是，休谟在恒常性和融贯性的标题下所概括的事实，即相似的印象在相似的感觉环境中出现，如休谟所说，会使观察者自然采用一种新的同一性标准，根据这个标准，这些相应的印象不仅是相似的，而且是同一的。在这一点上，我们与休谟的唯一分歧是，他说观察者并非采用了一种新的同一性标准，而是犯了一个事实错误。印象可以被系统地“恢复”，这个事实如何导致它们被视为持续存在的未被感觉的东西，休谟对这个过程作了说明。同样，我认为不应把休谟的这种说明看成对另一个错误的解释，而应看成扩展同一性概念的根据。相继出现的视觉印象应当被视为同时存在的，并且在一个无限扩展的三维视觉空间中占据着永久的位置，根据这种观点，这乃是想象力的一种完全正当的操作。

然而在这一点上，我们需要稍稍超越休谟一些。被我们指定给同一对象的实际印象并非如休谟错误指出的那样是完全相似的。即使迄今为止我们不允许对象发生变化，观察者的状态或位置的变化也会导致变动。因此，我们所设想的持续存在的东西并非任何实际印象，而是我在别处（见《哲学的中心问题》）所谓的“标准化的知觉对象”。这是对普赖斯所谓中心感觉物（即可以从最佳视点获得的东西）的一种综合。它充当着一个实际印象能与之多多少少密切符合的模型。这些标准化的知觉对象也可以被称为视觉持续物。当那种模式在各种情况下似乎在一个或多个方面发生变化，而其余方面则在一个基本恒常的感觉环境中保持不变时，可以认为这些标准化的知觉对象发生了质变。

这里我只能概述一下理论现在被认为相继经历的阶段。首先，位置被认为与其占据者相脱离，这顾及了运动的可能性。然后，出于各种理由，一组视觉持续物被挑选出来，形成了我们所谓的“中心身体”，这个词是从伟大的美国实用主义者皮尔士那里借来的。当然，这是观察者自己的身体，虽然它本身尚未得到刻画。触觉空间的构造大致基于与视觉空间相同的原则，人们发现了把触觉性质归于视觉持续物的理由。声音、气味和味道因为可以追溯到其明显的来源而进入视野。观察者开始作一些简单的因果联系，这给他提供了事物如何存在的概况。他的印象大都与这种概况相符，但有些印象则不然。随着把其他视觉—触觉持续物确认为与中心身体相似，认为它们都是标记的来源，自我意识便产生了。可以认为这其中大多数标记都确证了观察者的主要经验，但同样，有些标记则不能。这就是公众与私人之间区分的来源。在最后一个阶段，请允许我引用我自己的解释：

这些视觉—触觉持续物

摆脱了它们的系留处。它们不被感知时存在的可能性被扩展到这样一个地步，以至于它们被感知对于其存在性而言是不必要的，甚至不必有任何观察者来感知它们。由于理论还要求这些对象不改变其可知觉的性质，除非是作为其自身某种物理变化的结果，所以它们渐渐与不同观察者对它们起伏不定的印象形成了对比。这样一来，对象就从实际的知觉对象中分离和抽象出来，甚至被视为知觉对象的起因。

在发展这种关于显明对象的理论时，我认为我已经成功地调和了休谟的通俗体系与哲学体系，但要想把这个结果与当代哲学体系即当代物理学对物理世界的说明相调和，却仍然有问题。这个问题有许多分支，这里我无法深入讨论。简要地说，公共空间观念所需的可知觉的“构造物”似乎被归入了私人领域，它们的位置被无法知觉的粒子所占据。空间关系能否以这种方式合法地脱离其原始关系，这仍然是一个有争议的问题，但我认为未必不能。正如休谟所说，在任何情况下，我们都必须避免这样一个体系，该体系把物体原封不动地置于我们的感官所无法企及的一个复制的空间之中。如果我们承认物理学还可以主张真理的话，我们对它的解释就必须是可理解的。

在我强塞给休谟的关于外在世界的理论中，人格同一性从属于物体的持续性。这并非休谟本人的观点，但与休谟的原则并无根本冲突。恰恰相反，在《人性论》讨论这一主题的章节中，休谟声称“曾经极为成功地解释了植物、动物、船和房屋以及一切复合、可变的人工物或自然物的同一性的那种推理方法显然必须沿用”（T 259）。区别仅仅在于休谟将人格同一性等同于心灵的同一性，而且在定义同一性时没有涉及身体。我说休谟给同一性下定义，是考虑到他说，“我们归于人类心灵的那种同一性只是一种虚构的同一性”，和我们对同一性的其他归属一样，这种同一性源于“想象力的运作”（T 259）。不过，对我影响更大的是，人的确有一种真正的自我观念，他不会前后矛盾到要使这种观念摆脱对印象的一切依赖，这对休谟关于激情的解释以及他的道德理论至关重要。因此我认为他把我们心灵的同一性称为“虚构的”意思是，它并非他所谓的“真正的”同一性，即单个不变对象的同一性，而是一种可以分解为知觉之间关系的同一性。就可知觉物体的情形而言，这里并不更多地意味着这些关系不能实际获得。

事实上，在把同情当成爱名誉的一个因素而加以详述的“论情感”一卷的一段话中，休谟的确说我们有一种对我们自己的印象。他说：“自我的观念，或者毋宁说是对自我的印象，显然永远亲密地伴随着我们，我们的意识给我们一种如此生动的关于我们自己人格的观念，以至于无法想象任何事物能在这方面超越它。”（T 317）如果这并非疏忽，那么这个印象一定是一种指向自我观念的反思，因为休谟在其他地方总是坚称，由于没有印象是恒定不变的，所以人并没有一个对自我的印象。在《人性论》第一卷的一段常被引用的话中，休谟阐述了这种观点。他说：“当我非常亲密地体会我所谓的我自己时，我总是意外地发现某种特殊的知觉，比如冷或热、明或暗、爱或恨、痛苦或快乐等。在任何时候我都无法把握一个没有知觉的自我，除了知觉我也观察不到任何东西。”他作了显著的让步，说其他人“也许可以觉察到某种简单而持续的东西，他称之为**他自己**”，但他的以下断言又使之变得具有讽刺性:“撇开一些这类形而上学家不谈,我可以大胆地向其他人说,它们只不过是一束或一堆不同知觉罢了,这些知觉极为迅速地彼此相继,永远处于流动和运动之中。”(T 252)休谟愿意为其余的人说话,表明他的命题只不过是伪装成了一种经验概括。毋宁说,休谟构想不出任何东西能被他算作纯粹自我意识。

那么,使一束知觉组成一个自我所凭借的关系是什么呢?除了相当粗略地提到相似性和因果关系,并且指出“通过向我们表明我们不同知觉之间的因果关系,记忆与其说产生了人格同一性,不如说**发现**了人格同一性”(T 262)以外,休谟几乎没有尝试给出回答。在《人性论》的一个附录里,他承认自己找不到答案,事实上,他认为整个人格同一性问题是他无法解决的。他支持在其论证中采取否定步骤,即正如“我们没有迥异于特殊性质观念的外在实体的观念”,我们也没有“迥异于特殊知觉”的心灵的观念。此结论得到了一个明显事实的支持,即“当我转而反思**我自己**时,我永远知觉不到没有一个或多个知觉的**自我**;除了知觉,我什么也知觉不到”。因此,“形成自我的”乃是知觉的组合,“一切知觉都是迥异的”,“凡迥异的都是可区分的,凡可区分的都可以通过思想或想象来分离”,由此得出结论:知觉“可以被设想成分别存在着,它们可以分别存在而不导致任何矛盾或荒谬”(T 634—635)。但在这样“放松了”我们的知觉之后,他找不到办法把它们结合在一起。他说有两条原则他不能“使之变得一致”,尽管他相信这两条原则都是真的。它们分别是:“我们所有迥异的知觉都是迥异的存在”,“心灵在迥异的存在之间觉察不到任何实际关联”(T 636)。

这一陈述令人困惑。显然,这些原则彼此之间并非不一致。

休谟可能想说，它们整体上与“知觉可以如此‘组成’以形成自我”这个命题不一致。但即使是这一点也不是显然的。这依赖于我们如何理解“实际关联”。如果它指的是一种逻辑关联，那么逻辑上无法解释知觉为什么不能是迥异的存在，因为我们可以一致地设想知觉的分离，但事实上知觉彼此之间的经验关系足以构成一个自我。这正是威廉·詹姆斯的思路，他在其主要著作《心理学原理》一书中提出了一种休谟式的自我理论，该书自1890年出版以来一直是一部经典著作。这种理论依赖于詹姆斯所理解的可感并存与可感持续之间的经验关系。

对于任何这类理论，除了可能被指为循环论证，最严肃的反驳是，我们并非持续处于清醒状态。因此，我们需要某种方式将处于比如无梦的睡眠两端的知觉连接起来。然而除了它们与同一个身体的共同关系（这种关系的本性本身就是问题），至少没有明显的候选者适合扮演这个角色。只满足于说它们属于同一个心灵，如果这仅仅是说它们碰巧处于我们正在寻找的无论什么关系，那是无益的；如果是求助于背后的同一个心灵主体，那也是不可理解的。正如休谟在《〈人性论〉摘要》中所简述的：“心灵并非知觉内在于其中的实体。”（T 658）

这也不是唯一的困难。很奇怪，休谟的怀疑态度未曾注意一点，即我们把同一性归于并非自己的其他人，而且这种归属依赖于对他们身体的确认。这并不是说就好像有一个共同的知觉仓库，我们可将其分成所需要的一束束知觉，然后每一束知觉又照亮了构成他自己的特殊的那一束。

我们并不是像意识到自己的经验那样意识到他人的经验。这并不妨碍我们把一种心理学上的同一性标准应用于他人，甚至可以让它压倒物理标准。我们可以合理地设想各种情形，说两个或更多的人同时占据同一个身体,或者(如果这在物理上是可能的)也许由于大脑移植,同一个人在不同时间里占据着不同的身体。即便如此,在所涉及的人之外的其他人看来,首先要确认的仍然是身体。自我意识意味着将自己区别于其他有意识的存在——如果我的这种想法是正确的,那么在某种意义上,身体的持续性仍是占主导地位的因素。

这与身体本身由知觉对象所"构成"的观点并不矛盾。毋宁说,它出色地例证了我们的印象所产生的理论如何根据休谟的原则"接管"了它的起源。印象作为一个观察者的状态被重新解释进了理论;人格出现在这个与我们对存在的评价相关联的理论所允许存在的物体当中。

第四章

原因与结果

在休谟的哲学中，影响最大、最持久的要素莫过于他的因果性理论。这个理论经常受到攻击，也经常遭到误解。我们不应把所有误解都归于批评者的恶意。拉姆齐在《数学基础》结尾处的一篇论文中所提出的理论与休谟的理论基本相同。虽然我同意拉姆齐的看法，认为"从读者们做出的刻板解释来看，休谟高估了他们的智力"，但在某种程度上，误解是休谟自己导致的。我将会指出，虽然休谟在许多细节上容易遭受攻击，部分是因为他错误地坚持追溯观念的根源，部分是因为他倾向于过分简化事实，但他的基本信条不仅无法回应，而且完全值得信任。

首先要明确的一点是，休谟在谈到"原因与结果的关系"时，是在比现在更宽泛和更松散的意义上来使用术语的。我们已经习惯于区分因果定律和函数定律，区分因果定律和统计定律，或者区分有直接因果关联的事件和作为共同原因之结果的事件或者都从某个主导理论中导出的事件，而休谟的用法却把事实之间的任何似律（lawlike）关联都称为因果关联。诚然，当休谟把或然性置于一个由知识（被定义为"由观念的比较而得到的保证"）占据首要位置、"证明"（此时因果论证的结果被接受，没有任何伴随着或然性的不确定性）占据第二位置的证据天平上时（T 124），他进而区分了基于**偶然**的或然性和从**原因**中产生的或然性，但这里并没有什么不一致，因为休谟坚称，“偶然之中必定总是混杂着一些原因，以成为任何推理的基础”（T 126）。除了把统计定律作为基于**原因**的或然性，他没有为统计定律留出任何余地，这正好确证了我一直主张的观点。事实上，我们可以批评休谟的用法忽视了重要的区分，甚至对或然性作了一种不能令人满意的说明，但我们将会看到，它的缺陷并未损害其基本论证的发展。

休谟术语的另一个不同寻常的特征是，他常常说因果关系存在于对象之间，事实上他正是如此定义的，尽管人们往往说他认为因果关系存在于事件之间。这种修正对他没有损害，因为在这种关联中，他对对象的提及很容易被改述为对事件的提及，他把感情和意志等心灵要素包括在原因和结果中正是它的某种证明。我自己的看法是，对他的意图的最佳描述是，把这种关系解释成存在于事实之间，对象与事件、行动与激情、状态与过程，无论是物理的还是心灵的，都可以按照哪个术语显得合适而被纳入事实。这种做法不仅符合休谟对关系范围的扩大，而且由于事实与真命题相关，它还有助于引出这样一种观点，即休谟主要把因果关系当成推论的根据。

这一点还可以说得更强。我们已经看到，休谟认为我们观念的联系依赖于三种关系，即相似关系、邻近关系和因果关系，但前两种关系与第三种关系有一种功能的差异。表达这种差异的一个很好的方法是说，前两种关系为我们注意力的运动铺设了道路，第三种关系则是我们事实信念的主要来源。对一个对象的印象或观念很容易唤起另一个与之类似的或显得与之邻近的对象的观念，但这一过程到此为止。除了那些已经处于记忆或感官领域之内的信念，它并不导向任何信念。无论是单独考虑还是一起考虑，这些关系都不会使我们相信那些尚未出现在我们经验中的特殊实在的存在性。为此，我们不得不依靠推理，正如休谟在《〈人性论〉摘要》和《人类理解研究》中指出的：

> 显然，所有关于事实的推理都是以因果关系为基础的，我们永远也不能从一个对象的存在推出另一个对象的存在，除非它们是联系在一起的，无论是间接还是直接。因此，为了理解这些推理，我们必须非常了解原因的观念；为此，我们必须找到某种是另一个对象的原因的东西。（T 649）

然而，对事实推理的理解并不限于分析它们所基于的关系。这些推理从这种关系中得到的支持也是一个问题，休谟理论的意义几乎完全系于它如何阐明这第二个问题。

尽管如此，我们可以从休谟对因果性的实际描述入手。休谟的程序是，先将进入日常关系观念中的要素加以区分，再去寻找导出这些要素的印象。除了混淆了心理问题与他常犯的逻辑问题，这里他的方法也有循环论证之嫌。正如我们已经指出的，他认为因果性是在物体和事件的层次上起作用，而在达到这一层次的过程中，他已经需要利用事实推理了。但这个循环似乎并不是恶性的，虽然他的衍生进路导致他对因果关系给出了过于狭窄的论述（尤其是考虑到他让此关系担负的工作量），但引起的危害并不很深，他的主要论点并未受其影响。

在分析我们的因果关系观念时，休谟认为它是复合的。它本质上包括在先性、邻近性和他所谓的必要关联这三种关系。事实上，因果关系根本不是一种关系，无论取“关系”一词的何种含义，但休谟至少在开始时是这样来谈论它的。就前两种关系而言，观念与印象的相配还算明显。对休谟来说，发现一种印象，可以从中导出必要关联的观念，这是一个非常严重的问题。

这个问题触及了休谟因果性理论的核心，在考察他对这个问题的处理之前，也许应该说，我怀疑这三个要素中的任何一个是否真如休谟所说对于我们的因果关系观念不可或缺。他把邻近性视为不可或缺的理由是：

> 虽然远离的对象有时可能显得是彼此产生的，但一经考察往往就会发现，它们是由一连串原因联系起来的，这些原因互相邻近，和那些远离的对象也是邻近的；即使在特殊情形中我们发现不了这种联系，我们也仍然假设它是存在的。（T 75）

在休谟那个时代的一般观点看来，这也许的确是真的，但超距作用概念并无矛盾之处，即使在今天，接受超距作用概念的科学理论也不会仅仅因此而遭到拒斥。不仅如此，休谟本人也允许因果性在各种情形中起作用，在这些情形中不仅没有空间上的邻近性，甚至根本没有任何空间关系。这些情形是指我们的思想和感受产生物理的原因和结果的情形。因为在休谟看来，只有有颜色的或可触的东西才能被真正赋予空间属性：他对我们是否有权把空间位置归于其他感官的材料表示怀疑，即使基于这些感官材料与视觉和触觉对象的联系；他认为在思想和感受的情况下，"一个对象可以存在但不在任何地方"这一基本原理显然得到了满足。在这一点上休谟是否正确可以争论。我认为通俗的回答可能是，我们的思想存在于我们的头脑之中，但除非我们认为这是把心灵事件不正当地等同于大脑事件，否则这很难被视为真的。而且,无论有什么理由赋予我们的思想一个象征性的位置,比如给思想指定某个大脑区域,认为思想因果地依赖于大脑,也仍然不能得出结果说,思想在空间上邻近于它们的原因。

休谟的确有理由坚称,原因必定先于结果,尽管在某些情况下,原因和结果似乎有可能同时出现。

> [他说,]在自然哲学和道德哲学中有一个业已确立的基本原理,即一个对象如在其完全发展的情况下存在了一段时间而没有产生另一个对象,那它就不是另一个对象的唯一原因,而是被其他某个原则所辅助,将它从不活动状态中推动起来,使之发挥秘密拥有的能量。(T 76)

由此休谟推论说,如果某一原因"与其结果可以完全同时",那么所有原因都必定如此。这里的推理没有完全说清楚,但似乎基于这样一个假设,即任何一组充分条件都会尽可能快地产生其结果,因此如果在这种意义上,一个原因能产生一个与它同时的结果,那么任何一组没能产生与它同时的结果的条件就不是充分条件。如果我们像休谟那样进一步假设决定论,因此每一个结果都至少是进一步原因的一部分,我们就废除了相继,从而废除了时间。因为正如休谟所说,"如果一个原因与它的结果是同时的,这个结果又与它的结果是同时的,如此等等……那么所有对象都必定是同时存在的"(T 76)。

休谟似乎对这个论证的有效性有些怀疑,但为了保护自己,他又说"此事并不很重要"。在这两件事上他都是正确的。他对因果性的进一步分析中没有任何东西依赖于"原因必先于其结果”,他的论证是无效的。这个论证的前提要求原因与结果之间不能有时间间隔,但并不排除二者的重叠,如果这种重叠在某些情形中是部分的,那么就没有理由说为什么这种重叠在其他情形中不能是完全的。这个前提本身也并非强迫。如果像休谟那样让因果概念依赖于定律概念,我们就没有逻辑理由在定律所连接的两个事态之间排除任何时间间隔。在时间和空间上,我们都可以接受超距作用的可能性。

我之前说过,我怀疑必要关联的要素是否本质上包含在通俗的因果性概念之中。这部分是出于宽容,因为我要论证说,除非给这个概念一种非常人为的解释(正如我们将会看到的休谟对它的解释),否则这个词根本不适用于事实,我宁愿避免给公众带来这样一种思想混乱,即它的因果性概念没有应用。即使如此,如果有社会调查表明,大多数与因果性发生联系的人都有某种关于能力、力量或动因的模糊观念,我也不会感到惊讶;在那种情况下,我仍将保持宽容,使这些观念脱离关于使因果判断变得可接受的实际因素的描述。

无论如何,在论证的这个阶段,重要的是(休谟也承认),在先性和邻近性对于因果性来说是不充分的,即使它们是必要的。我们还需要某种东西,甚至可能是完全不同的东西。它会是什么呢?休谟给出了一个答案,但我们将会看到,这个答案本身没有使他得出这个答案的思路重要,这种出色的思路与其说源于他肯定的东西,不如说源于他否定的东西。

他首先否认独立的事实之间存在着逻辑关系。正如他在《人性论》中所说,我们可以信赖这样一个原则:“任何对象本身都不含有任何东西能使我们有理由引出超出它本身的结论。”(T 139)在《人类理解研究》中,他又进一步论证说:“凡可理解的、可以清晰构想的东西都不蕴含矛盾，任何证明性的论证或抽象推理都不能先验地证明它为假。”（E 35）他举了各种例子，比如他坚持认为，他能清晰分明地设想，一个在所有其他方面都与雪相似的问题“却有着盐的味道或火的感受”；“所有树木都在12月和1月茂盛，在5月和6月枯萎”这个命题是完全可理解的（E 35）；从“一个台球沿直线滚向另一个台球”这个前提永远不可能“从第一个球的运动和推力来推断第二个球的运动”（T 650）。如果在这些情形中，或者在他给出的其他许多例子中，我们推出一个相反的结论，那是因为我们正在根据我们过去的经验进行投射。就逻辑而言，任何东西可以产生任何事物。

这一步无疑是有效的，但在阐述这个论证时却要小心。我们必须避免被一个事实所误导，即我们往往通过对象彼此之间的实际关系或可能关系来描述对象，在描述时常常会或隐或显地提到它们的因果性质，尤其在描述人工制品时。例如，在把某物称为钢笔时，我们暗示它是为了服务于留下清晰的笔迹这个目的而设计的；一面镜子若要名副其实，就必须能够反射出镜像；火柴是某种在特定条件下摩擦时会产生火苗的东西；等等。不仅在日常用法中可以找到无数这样的例子，而且可以把这个过程弄得任意长。在任何情形中，只要我们想声称两种属性总是联系在一起的，我们都可以用一种简单的策略来保证它们的联系，即对迄今为止只代表其中一个属性的谓词进行重新解释，使它渐渐代表两者的结合。同样，我们也常常能够通过构造一种演绎理论，认为它们表达了定义或其逻辑推论，来重新解释表达经验概括的句子。

然而面对休谟的论证，这种操纵显然并不能提供真正的保护。当我们追问这些定义是否被满足时，在定义之下隐藏的、显然被我们压制的经验问题又渐渐暴露出来。如果我们可以操纵谓词来建立逻辑关联，我们也同样可以把过程颠倒过来：一种复杂属性可以分解成它的不同要素；我们也可以对相关谓词进行解释，使之成为一个经验问题，即“它们是否共同得到满足”。

但是，在拆解某个有逻辑关联的概念结构时，难道我们的能力没有限制吗？休谟的论证要求每一个对象都能“就其本身被思考”。我们很确定这总是可能的吗？的确，只要我们是在讨论感觉性质甚或是特殊印象，似乎就没有困难，但休谟的论证所适用的事实却不在这个基本层次。它们涉及物体的行为，有理由说不能个别处理这些东西，就好像其他东西不存在似的。它们位于一个时空系统之中，可以认为这要求对任何个别对象的确认都预设了存在着和它有某种时空关系的其他对象。但有一个保留条款，因为这种对其他对象的提及是非常一般的。与被确认对象有时空关系的所有对象中，这种确认并不特别需要涉及任何一个对象。因此，要想满足休谟关于对象应当就其本身被思考的要求，我们只需认为它意味着，对于任何两个对象 x 和 y，我们可以通过关于不涉及其中一个对象的描述来确认其中另一个；如果这一条件得到满足，他的以下结论就会像需要的那样成为重言式：在这样一种描述下，由一个断言 x 存在的陈述导不出关于 y 是否存在的陈述。

对休谟来说，他可以使用这一重言式，因为他的另一个论证，即任何事实的反面都可以被清晰地构想出来，并不令人信服。其弱点在于假定我们认为可理解的东西必定在逻辑上是可能的。W.C. 尼尔教授在 1949 年出版的《或然性与归纳》中提出过一个反例。一般认为（虽然并不是普遍认为），如果一个纯粹数学的命题为真，则它必然为真。因此，如果是这样，而且休谟是正确的，那么一个真数学命题的反面就不应是可设想的。但现在让我们考虑一下哥德巴赫猜想，即任何一个大于 2 的偶数都是两个质数之和。这个猜想从未被证明，也没有发现过例外。如果我们允许数学命题可真可假，不论我们是否有一个证明，并且如果坚持它们的必然性，那么我们必定会得出结论说，哥德巴赫猜想和其否定必有一个逻辑上为假，但每一个似乎都同样可以设想。

即使我们不愿意做出那些支持这个例子所需的假设，我想还是应该承认，诉诸我们所能设想的东西并不能给我们提供一种万无一失的逻辑可能性标准。并非所有矛盾都能明显直接地显露出来，反过来，在逻辑上可能的命题，甚至是真命题，也可能超出我们的想象。例如，我们一直被教导去相信空间弯曲，但我想在爱因斯坦提出他的相对论之前，大多数人都会认为这不可思议。因此我认为，虽然休谟关于通常自然进程变化的例子有一定的说服力，但我们要凭借自己的力量把语言在我们对事实的描述（正如我所说，休谟的论证牢固地以此为基础）之间锻造的逻辑关联切割开来。

尼尔利用哥德巴赫猜想所要捍卫的立场碰巧不是"因果关系例证了逻辑必然"，而是"自然定律就是尼尔所谓的必然性原则"。如果说这种观点有什么特殊价值的话，那就是它把我们带到了休谟的第二个重要的否定，即可能存在着像"自然的必然性"这样的东西（如果这意味着事实之间可能存在着康德所谓的综合关系），即使这些关系的存在在逻辑上无法证明，这些关系也是必然的。

休谟的论证只不过是说，这种关系都是不可观察的。如果以他最喜欢的台球游戏为例，我们的确用一些"有力"的词谈论

图8　台球的碰撞是休谟的因果关系范例。台球是18世纪末英国有闲阶层酷爱的运动——根据吉尔雷所绘的这张漫画，这种酷爱过度了

用球杆来“击”球以及一个球“撞上”另一个球，但我们实际观察到的仅仅是时空关系的一系列变化。首先是击球者手臂的移动，同时伴随着球杆的运动；然后在一瞬间球杆和球发生空间接触；然后是球相对于其邻近物体运动一段时间；然后在一瞬间这个球与第二个球发生空间接触；再往后是一小段时间两个球都在运动；最后，如果击球者这一杆打得成功，在又一瞬间第一个球会与第三个球发生空间接触。在这整个过程中，没有任何可观察的关系需要用“能力”“力”或“必然联系”等词来为其命名。我们可能选用的其他任何例子也是如此，不论它是一系列物理事件，还是物理属性的结合。正如休谟所说，我们从来没有一个印象可以从中导出必然联系的观念。

如果有人在寻找这一印象，那么寻找它的最明显地方就是一个人自己的行动经验。难道我们不能从自己的意志活动中找到这种印象吗？休谟在《人类理解研究》中考虑了这一点，并且提出了三个反驳。第一个反驳是，我们并不理解“灵魂与肉体的结合”这一原理，如果意志给了我们能力的印象，我们就应当理解这一原理；第二个反驳是，我们无法解释我们为什么能够移动某些身体器官，却不能移动其他器官，如果只有在合适的情况下我们才意识到有一个力在起作用，我们就不会对这个问题感到为难了；第三个反驳是，“我们从解剖学中得知”，严格说来我们根本没有能力移动我们的四肢，而只能让神经或“灵魂精气”运动起来，从而最终使四肢运动起来；我们肯定意识不到在我们的意志活动与这些“灵魂精气”或诸如此类的东西的运动之间有什么力的关系（E 64—67）。

我认为我们可以不受这些论证的影响。常有人说，当我们有意志活动或以各种常用方式去处理对象时，我们就经历了一种经验，它与产生某物的经验相符；我们以这种方式所能做的是有限的，我们也许对完成此类事件所必须满足的物理条件一无所知，但这本身并不足以使这种描述成为不恰当的。事实上休谟本人也说，当我们试图克服物理阻力时，我们体验到一种“灵魂上的努力”，他承认这种体验在很大程度上进入了通俗的能力观念，即使这种通俗观念既不清楚又不准确（E 67）。

但我现在必须声明，无论这个问题是对是错，无论它有多大的心理学价值，它对于休谟的论证来说都是无关紧要的。我们必须记住，休谟关注的是把因果性当作事实推理的根据；它必须架起一座桥梁，将我们从一个事实的真实信念安全地过渡到对另一个事实的真实信念。因此，即使我们拥有可以被恰当地称为“能力的运作”的经验，这些经验也与本题无关，因为它们不能被一般化。对我的某些特殊行动的忠实描述会或隐或显地蕴含我曾经经历过这种经验，由这个事实（如果它是事实的话）根本推不出，我自己再去重复这个行动时会有同样的经验或者获得相同的结果。这两个行动之间并无逻辑关联，我们可以在心理学理论所容许的范围内对其中某一个行动作尽可能详细的描述，但它对另一个行动的性质传递不出任何东西。

寻求物理世界中的必然性也是如此。这里，休谟同样没有完全公平地对待他的论证，他似乎使之基于一种经验概括而不是基于逻辑论证。如果我们回到他的台球例子，我认为他说的不错，即在实际现象中觉察不到任何力或力量的关系。他忽视的一点是，这些关系是否可以被觉察到并不重要。因为让我们假定，两球相撞时我们的确观察到了某种可以被称为力的传递的东西，因此我们在对事实的描述中提到了它。就我们做出推论的能力而言，这种复杂情况会使我们止步不前。让我们把两个球称为A和B，把它们之间据说强有力的关系称为R。如果对A和B在未来的空间相遇是否会产生与之前相同的后果感到怀疑，那么我们对A与B在未来空间相遇时是否会再次有R的关系，以及是否会有相同的后果，也会感到怀疑，甚至会更加怀疑，因为现在假设了更多的东西。也许有人会反驳说，在第二种情况下，怀疑可以被关系R的本性所解除。如果A与B有关系R，那么A **必定**会把运动传给B，这意味着在相似的条件下，它在任何情况下都会如此。但这种反驳完全是错误的，因为要么R是一种纯现象关系，也就是一种对现象的准确观察足以确立其存在的关系，要么不是。如果是，那么它的存在将完全中立于在任何其他位置或时间发生的事情。如果不是，那么只有当它的定义中蕴含着任何被它联系起来的项在相似条件下都会显示出相似的行为时，它才能服务于预定的目标。但这就使这个例子成为因果命题被命令为真的另一种情形，同样的反驳对它来说是致命的。此外，根据这种解释，在任何一个事实联系的事例中都觉察不到必然联系，这看起来像是一个经验命题，却被发展成了一个逻辑真理。因为现在对这种关系的定义使我们不得不考察相关现象的每一个事例，以便发现它在所有事例中都成立。

关于必然性问题，我们的论述可以到此为止了，尽管在事实推理的根据方面仍然可以说很多。但由于假定我们有必然联系的观念，休谟的原则驱使他继续探究可能是这个观念的来源的印象。他知道，仅仅增加例子是无济于事的。在陈述了那个我们已经引用过的原则，即“任何对象本身都不含有任何东西能使我们有理由引出超出它本身的结论”之后，休谟又提出了另一条原则：“即使在观察到对象的频繁连接或恒常连接之后，我们也没有理由引出超出我们经验的关于任何对象的推论”（T 139），而且如果我们如休谟在这里所做的那样仅限于演绎推理，那么这条原则的真理性和第一条原则同样明显。然而，正是在增加事例的过程中，休谟找到了结束其探究的线索。他的理论是，观察到重复出现的事实的频繁连接或恒常连接会产生一种期待这种规律性重复出现的心灵习惯或习俗。正如休谟在《人类理解研究》中所说，事例的增加所造成的区别是，“受习惯的影响，一个事件一出现，心灵就期待它通常的伴随，并相信那种伴随将会存在”（E 75）。正是在“我们的心灵**感受**到的联系中，在想象力习惯性地从一个对象转向它通常的伴随”中，休谟发现了“使我们形成力量观念或必然联系观念的感情或印象”（E 75）。我们要继续的只不过是我们过去对于自然界中规律性的经验；事实上，除此之外再没有更多的东西需要发现。我们变得习惯于期待这种规律性被保持。这种习惯或习俗在我们身上已经如此根深蒂固，我们会把联想的力量投射到现象本身当中，从而屈从于一种幻觉，以为“必然联系”是现象之间实际存在的一种关系的名称。

这样一来，休谟就可以定义因果性了。在《人性论》和《人类理解研究》中，根据关系被视为“自然的”或“哲学的”，也就是说，根据我们是只关注展示关系的现象，还是也考虑我们如何看它们，休谟给出了两种定义。在第一种情况下，原因在《人性论》中被定义为：“一个先于且邻近于另一个对象的对象，凡与前一个对象类似的对象都同那些与后一个对象类似的对象处于类似的先在关系和邻近关系。”“哲学”定义则是：“原因是先于且邻近于另一个对象的对象，它和另一个对象紧密结合，以至于其中一个对象的观念促使心灵形成了另一个对象的观念，对其中一个的印象促使心灵形成了对另一个对象的更加生动的观念。”（T

170）《人类理解研究》中给出的定义与此相似，但更简洁。在其“自然的”方面，原因被说成“一个对象被另一个对象所跟随，凡与第一个对象类似的对象都被类似于第二个对象的对象所跟随”。他还补充了一个解释：“如果第一个对象不曾存在，那么第二个对象也必不曾存在”；当心灵的贡献被引入时，原因就成了“一个对象被另一个对象所跟随，它的出现总是把思想传递给另一个对象”（E 76—77）。

常常有人指出，几乎用不着重复，这些定义很不恰当。除了我们已经注意到的，这些定义把“对象”不恰当地称为因果关系项，以及毫无根据地排除了超距作用，它们也无法解释理论在导出我们所谓的“因果律”的过程中所起的作用。此外，因果连接是否需要完全恒常，这也令人怀疑。我们常常做出特殊的因果判断，其一般支持只不过是一种倾向陈述。事实上，休谟在谈到“原因的或然性”时，已经为这种情况作了准备。他并没有完全按照一般用法假定原因必须是充分条件，还过于理所当然地相信，任何给定事实的充分条件都不可能多于一个。这将使原因也成为必要条件，事实上，这正是休谟在《人类理解研究》中解释第一个定义时对原因的描述。然而，他允许他所谓的原因对立性的存在，这意味着其他某个或某些因素的存在会阻碍某一类“对象”被其通常的伴随所跟随。如果我们知道这些其他因素是什么以及它们是如何运作的，就可以使它们的缺席成为我们充分条件的一部分，并且相应地调整我们的期待。实际上，我们往往只能满足于从过去的频率中进行概括。只要假设不存在多个充分条件，这种对我们过程的解释本身并不会引起反对。但它忽视了我们强加于统计推理的限制性条款，以及统计定律在何种程度上可以从理论中导出来。

反过来，不能把每一个恒常连接都看成归属因果性的根据。如果例子不够多，或者出现于我们所认为的特殊情形中，或者并不符合我们对事情发生方式的一般设想，那么即使这种连接毫无例外地发生了，它也可能被视为偶然的。这一点又伴随着严肃的反驳，即休谟在其定义中使用的“类似”和“相似”等语词过于模糊不清。任何两个对象都可以在某个方面相似。我们需要详细了解，要使相似性所集合的事实成为事实推理的合适候选者，究竟需要什么类型或什么程度的相似性。

休谟在《人性论》中的第二个定义有时会被指责为循环论证，因为休谟说对象“决定”心灵形成关于另一个对象的观念。但这一指责是没有根据的。从休谟的整个论证过程可以清楚地看出，这里只不过是声称，心灵事实上获得了把相关观念联系在一起的习惯，这并不意味着心灵“被迫”这样做。另一方面，休谟在本应是因果性的定义中提到了心灵的倾向，这是一个可原谅的错误。在提出因果判断时，我们表达了我们的心灵习惯，但通常不会断言我们已经有了这些习惯。在解释我们对因果性的归属时，的确会包括对我们心灵习惯的论述，但这并不是说当我们把因果性质归于某一物体时，我们也是在作关于自己的断言。

关于休谟的定义在形式上的缺陷，我们已经说得够多了。事实仍然是，这些定义的确显示出了两点，其重要性远远比其缺陷更重要。第一点是，只有恰当的自然规律性的存在才能使因果命题成为真的；第二点是，偶然概括与因果概括之间的差异并非它们被满足的方式上的差异，而是我们各自对待它们态度上的差异。在第二类情况下，我们愿意把确认的规律性投射到想象的或未知的事例上去，而在第一类情况下则不愿意。虽然休谟指出了这种区分的方式，但他自己并没有探究这背后的原理。

他提出了一个更加一般和基本的问题，即如果超过了我们过去和现在的观察，我们如何才能正当地进行事实推理呢？在提出这个问题时，他提出了后来哲学家所谓的“归纳问题”。在处理这个问题时，他追问我们的推理过程是否受制于理性。如果是，他就坚称我们的理性“将按照这样一条原则来进行，即**我们没有经验过的事例必定类似于我们经验过的事例，自然的进程总是齐一不变地继续下去**”（T 89）。但现在我们来到了他的第二个关键否定。因为他令人信服地表明，我们正在讨论的原则既不能得到证明，甚至也不能声称有任何或然性。说这条原则不能被证明，显然来自这样一条假设，即两类事例的各个成员在逻辑上是迥异的。我们已经看到，休谟有权作这样的假设。关于它是或然的，我们违背了一个事实，即或然性的归属基于过去的经验。用休谟的话来说，“或然性建立在我们经验过的对象与我们没有经验过的对象相互类似的假定的基础上，因此这一假定不可能来自或然性”（T 90）。

那么能否推出，我们根本没有良好的理性去相信任何事实推理的结果呢？在休谟看来，这将是对他所证明的东西的一种错误表述，因为它暗示我们缺乏那些可能自以为拥有的良好理由。休谟本人的结论其实是肯普·史密斯归于他的结论，即在这些事情上，理性被排除在外。他在《人性论》的一节里允许怀疑论侵入理性的领域，他使用了这样一则论证：在证明性科学中我们有可能犯错误，因此在这些情况下知识退化成了或然性，还附有一则显然错误的追加条款：由于对或然性本身的判断并不是确定的，所以怀疑不断增加，直到或然性被全部取消为止。至于休谟本人是否接受“对于任何事物，我们的判断都没有**任何**区别真假的标准”这个完全怀疑论的结论，他说这个问题是“完全多余的”,因为这并不是一个人人都能诚心接受的看法。如果说休谟已经最大限度地发展了怀疑论的情形,他也只是在为他的假说寻找根据,即“**我们关于事实的一切推理都来源于习惯:严格来说,信念比我们本性中的认知部分更是一种感觉活动**”(T 183)。这呼应了早先的一则陈述:“一切或然推论都不过是一种感觉罢了。我们不仅在诗歌和音乐中必须遵循我们的品味和情感,在哲学中也是如此。”(T 103)

这是否意味着一切事实推理都有同样的基础呢?我们有权从我们过去和现在的经验按照符合我们幻想的方式进行外推吗?如果休谟真的这样认为,那么很奇怪的是,他竟然会把他所谓的“实验方法”应用于对激情的研究,竟然会定下一套“规则来判断原因和结果”(T 173),比如它们之间必定有一种恒常连接,“两个相似对象在结果上的差异必定来自它们不同的特殊之处”。为什么他如此肯定“世界上根本没有偶然这样一种东西”(E 56),以至于当我们把一个事件归于偶然时,我们是在承认对其真实原因一无所知呢?他费了很大功夫去表明,“**凡开始存在的东西必定都有其存在的原因**”(T 28 及其后)这条普遍接受的原理无论在直觉上还是证明上都不是确定的,并且努力揭示各位哲学家在试图证明这一原理时的谬误,这一切都使这个问题变得更加令人困惑。唯一的解释似乎是,休谟是从自然信念的角度来看待“任何事物都有原因”和“自然的进程总是齐一不变地继续下去”这两个命题的。这两个命题不可能被证明,但自然就是如此构成的,我们不可能不接受它们。

但我们真的不能不接受吗?在我看来,在这两种情况下我们都可以不接受,尽管这里我将不去详述第一个命题。第二个命题的麻烦在于,我们不清楚应当如何解释它。如果只是按照字面意思认为它是在说自然进程是完全重复的，那么它非但没有表达一个自然信念，几乎不会有任何人相信它。我们的经验使我们期待有种种未曾预料的事件发生，我们至多可以相信这些事件随后可以得到解释。另一方面，如果所宣称的只是，过去的经验在很大程度上是未来的一个可靠向导，那么它被普遍接受就是毫无疑问的了。然而还有一个问题有待解释，那就是为什么并非每一个经验到的连接事例都被视为同样可投射的。

与这一点相伴随的是从康德开始的许多哲学家都奇特地忽视的一个事实，即某种一般的齐一性原理的一般性本身会使这样一条原理无法完成它该做的工作。这些哲学家曾试图论证某种一般的齐一性原理的必然性或至少是或然性，以反驳休谟的理论。我不确定休谟是否认为采用他所表述的原理就能把归纳论证变成演绎的，从而使归纳论证合法化，但如果他真的这样认为，那他就错了。为了看清楚这一点，我们只需考虑任何一个这样的事例，使一个普遍概括从一系列未穷尽的、完全合适的事例中推理出来。假定我们已经观察到种类 A 的若干对象，发现它们全都具有特性 f，那么上述观点认为，把自然是齐一的这一前提添加进来，我们就可以导出每一个 A 都有 f。但我们仍然有可能碰到一个没有 f 的 A。那样一来，我们不仅会遭受曾有过先例的挫败，即发现我们已经接受的概括是假的，而且会证明自然并不是齐一的，因为如果一个有效的演绎论证的结论是假的，那它至少有一个前提必定为假，并且既然"所有观察到的 A 都有 f"这一前提为真，那么错误的前提必定是齐一性原理。但无论是休谟还是认为需要这条原理的所有其他哲学家都肯定不会真想让它变得如此严格，以至于一发现有例外违背了一直有正面支持的概括就放弃这条原理。

于是让我们承认，根本没有一种简单的方法能把归纳推理变成演绎推理。也许有人仍然认为，当一般的齐一性原理与之前的观察证据结合在一起时，就可以用它来为某些概括赋予高度的或然性，并且为我们对特殊事件的预期赋予更高的或然性。这基本上就是密尔的思路，虽然事实表明，要使他的方法产生出他所宣称的结果，他需要作更多的假设。然而，密尔的立场显然是循环的。齐一性原理本身被认为是从概括中获得支持的，而这些概括又是齐一性原理参与支持的。

有人认为，可以把过去的经验与先验的或然性关系（这些关系本身基于数学上的概率演算）相结合，从中导出一套一般原理来避免循环论证。对于这种观点的简短回答是，根本就没有这样的关系，其理由休谟在讨论“机会的或然性”时已经给出：

> 如果有人说，在机会均等时，我们不可能**确定**地判定事件会落在哪一方，但我们可以确定地宣称，它更有可能落在机会在数量上占优势的那一边，而不是占劣势的那一边：如果有人这样说，我就会问，这里所谓的**可能**是什么意思呢？机会的很可能出现就是均等的机会在数量上占优势；因此当我们说事件可能会落在占优势的那一边而不是占劣势的那一边时，我们只不过是说，机会在数量上占优势时实际上有一个优势，在数量上占劣势时实际上有一个劣势；这些都是同一命题，毫不重要。（T 127）

简而言之，数学演算是一个纯形式体系，如果要把它应用于我们对实际上可能发生的事情的估计上，我们就需要作某种经验假定，比如当我们有一组互相排斥的可能性，如一个骰子的六个面中哪一面会朝上，而且没有信息会偏向一种结果甚于另一种结果时，我们可以预期它们大致以相等的频率出现。但这样一来我们就回到了循环论证，因为除非基于过去的经验，我们没有理由做出这类假设。仅是无知并不能建立任何或然性。

有人认为，休谟及其支持者和反对者都在攻击想象中的敌人，因为科学家们并不使用归纳推理。科学家提出假说，让其接受他们所能设计出的最严格的检验，只要没有被证伪就会坚持这些假设。我怀疑这是否是一种完全准确的对科学程序的说明，尽管它可以纠正那种科学实践就是从过去的观察中做出概括的错误观点。但无论如何，它并不意味着归纳法是或可能是多余的。一方面，这种观点忽视了一个事实，即我们的语言中存在着大量归纳推理。无论提到任何种类的物体，我们都在暗示，迄今为止被发现连接在一起的性质将继续连接在一起。我们赋予这些对象以因果能力，是在预测之前不同种类的事件序列在适当条件下会重复出现。此外，除非认为通过检验会增加可信度，否则检验假说就没有意义了；但检验的确增加了可信度，这乃是一个归纳假设。

很久以前，皮尔士曾经提出过一种更有希望的论证思路。如果没有一个可确定的概括可与一组既定事实相符合，我们对此就什么也做不了；如果有这样一个概括，那么依靠过去的经验，我们最终就能做出这个概括。但还有一个困难，即可能有无数概括与数量有限的观察相一致，即使保证我们在很久之后一定会得到正确结果，也没有多大安慰。

即便如此，指出形成我们预期的任何成功的**方法**都必然是归纳的也有意义，其充分理由是，除非它遵循一种模式，这种模式符合它所处理的事件的模式，否则它就不是一个成功的方法。

真正的麻烦在于我们的观察给予我们的自由，因此我们必须在得到我们过去的经验同样好地支持的若干相互竞争的假说中做出选择。这里的问题与其说在于未来**是否**会与过去相似，不如说在于未来如何与过去相似，因为如果可以继续描述世界，那么未来必定以某种方式与过去相似。除非通过循环论证，我们想得到但又得不到的是我们对过去的教训进行实际解释的理由，是坚持一套特殊信念的理由。休谟的洞见是，我们得不到这种理由。结果就是这些信念应当被抛弃，这是他没有证明甚至也没有试图证明的结论。

第五章
道德、政治与宗教

休谟否认"每一个事件都有原因"这一命题的必然性，考虑到这一点，我们也许会惊奇地发现他是多么坚定地承认其真理性。的确，在《人性论》的一段话中，在讨论恐惧和希望这两种激情时，他谈到导致这两种激情的或然性属于两种类型中的某一种，这要看对象已经是确定的但"对于我们的判断来说不确定"，还是"对象本身其实是不确定的，需要由机会来决定"（T 444），但这一次罕见地偏离了他通常的观点，即"通常所谓的机会不过是一个秘密而隐蔽的原因罢了"（T 130）。在他对激情的整个分析以及对道德和政治之基础的整个探究中，他采取的是一种决定论的正式立场。

但我们必须记住，当我们称休谟为决定论者时，绝不是说他承诺必然性在自然之中居统治地位，而顶多是说，他或其他任何理解其观点的决定论者主张各种不同事实的同时发生和相继表现出了完全的规律性。在接受这一命题时，休谟不仅把他对归纳有效性的怀疑抛在脑后，而且漠视了一个事实，即我们过去的经验所揭示的规律性远远不够完美。这些规律性并没有涵盖所有被普遍接受的材料，其概括水平允许在它们所例证的事例中有某种未经解释的自由。休谟没有注意到第二点，但确实承认了第一点。在讨论第一点时，他把"按照事物的初次显现来认识事物的俗人”的观点与把一切不规律性的显现都归因于“相反原因的秘密对立”（E 86—87）的哲学家的观点进行对比。对这一做法的反驳是，它把决定论论题归结为一种约定。如果我们可以通过诉诸秘密力量来排除任何不利证据，那么决定论在一切情况下都可以幸存。为了赋予它某种价值，我们需要把它分解成一套工作理论，然后把它们应用于不同的事实领域。的确，如果我们的理论失败了，我们也许仍然会希望找到其他能使我们成功的替代理论，但至少在任何给定的阶段，我们所提出的问题都将是经验的。

虽然休谟并没有考虑这些，但没有理由认为他不喜欢它们。因为他想提出的命题与其说是物体的运作被严格控制着，不如说是在这方面物体与心灵之间没有区分。人性的特性与无生命物体的特性一样都是恒定的，而且“这种规则的联合被所有人普遍承认，无论在哲学中还是在日常生活中，它都从未成为争论的主题”（E 88）。如果我们惊讶地发现这话是对哲学说的，那么我们应该提醒自己，在休谟的用法中，“哲学”一词包含了科学；他在这里坚持的是，习惯于从过去的经验中推出未来的经验，以及假定那些比我们实际发现的更为牢固的规律性，在社会科学中出现得并不比在自然科学中少。

> [他问]如果我们不按照我们认为人类所具有的经验来相信历史家的真实不妄，那么**历史**会变成什么样子呢？如果政府的法律和形式对社会没有齐一的影响，那么**政治学**如何可能是一门科学呢？如果某些品格没有特定的或确定的力量来产生某些情感，这些情感对行动也没有恒常的作用，那么**道德**的基础在哪里呢？如果我们不能断言各个角

> 色的行动和感情在这些情况下是否合于这些品格，我们有什么资格去批评任何诗人或高雅文学的作者呢？因此，如果不承认必然性学说，不承认从动机到自愿行为、从品格到行为的这种推断，我们似乎就不可能从事一门科学或做出某种行动。（E 90）

休谟由此得出的结论是，如果自由意志意味着人们的行为是没有原因的，那么就没有人会认真相信自由意志。他承认，在涉及一个人自己的行为时，这个人会倾向于声称这种自由。“我们觉得自己的行为在大多数情况下受制于我们的意志，并设想我们的意志自身不受制于任何东西”（E 94），这部分是因为我们没有任何约束感。我们也许不知道我们所服从的所有规律性，即使我们发现了这些规律性，我们也可能仍然会幻想摆脱其控制。我们甚至会在我们认为相同的情况下选择不同的做法，从而令自己满意地证明这一点，却没有看到一个决定性的区别：

> 显示自由的不切实际的欲望本身现在正在作为原因起作用。不仅如此，无论我们如何设想自己在自身之中感觉到有一种自由，旁观者也往往能从我们的动机和品格来推断我们的行为。即使他不能，他也可以一般地断言说，如果他完全熟悉我们的处境和性情的一切情况以及我们的性质和倾向的最秘密的发条，他也可以将其推断出来。（E 94）

既然我们打算站在旁观者一边，最后这句话显然是回避了问题，而且就此而言，休谟没能证明他的论点。但无论从这种失败中可以得出何种教益，它都不会强化那些希望维持自由意志与责任之间通常联系的人的立场。在他们看来，以及在休谟看来，纯粹物理的原因不可能起全面的支配作用。于是让我们假定，我们的行为并非高度规则地出自我们的品格和动机。我们可以把这些行为的难以捉摸归因于什么呢？我认为只能归因于偶然。但除了源于我们动机和品格的那些行为，为什么认为我们要为那些偶然发生的行为负责呢？我们也许可以用我们的遗传天赋以及从小就有反应的肉体和心灵的刺激来解释它们。

这并不是否认我们有任何形式的自由。休谟把自由解释为"按照意志的决定来行动或不行动的一种能力"（E 95），我们通常都具有这种能力。不仅如此，休谟还可以论证说，正是这种自由，而不是我们无法声称对其有权利的那种意志自由，才是"道德的关键"。他的论证是，"行为是我们道德情感的对象，仅仅因为它们暗示了内在的品格、激情和情感"（E 99）。当行为"仅仅源于外在的强制时"，由它们不能引出毁誉；同样，除非对人们的动机和品格有影响，从而影响他们的行为，否则区分毁誉、赏罚也就没有意义了。这并不能阻止我们对死者或者出于其他原因我们没有实际能力去影响的人的行为进行赞扬或责备，但这主要是习惯力量的另一种说明。我们发现在许多情况下，表达赞扬或责备可以促进或禁止人的行为；这种做法很有用，这使我们习惯于对所有这类行为都以同样的方式来回应。还要指出，甚至当相关行动者超出了我们所能及的范围时，我们对其行为的评价也仍然会影响那些有意效仿他们的人的行为。

除了宣称自己对自由的定义是"所有人都同意的"以外，我认为休谟在自由意志问题上是正确的。我认为一般人都同意，休谟为自由设定了一个必要条件。但我怀疑它是否被普遍视为充分条件。在我看来，不仅我们的道德判断，而且我们对于自己和他人的许多感受,比如自豪或感激,都部分受制于一种赏罚的观念,这种观念要求我们的意志能在一个比休谟的定义更强的意义上是自由的。我们以混乱的方式赋予自己和他人一种有时所谓的自我决定能力。问题在于,即使有某些东西与这种描述相符合,我们也无法逃脱休谟的困境。这种能力的运用要么会符合因果模式,要么随意发生,无论是哪种情况,它都无法证明责任的归属是正当的。为了避免上述混乱,我们可以像休谟实际提议的那样改变我们的赏罚和责任观念,使之符合一种纯粹功利主义构想,但我们对自己情感的控制能否遵守这一政策,即使能够如此,我们所遵守的政策又是否完全可取,这些都是有争议的问题。

休谟悄悄顺带提出了引人注意的一点:如果决定论是有效的,并且假定存在着一位全能的造物主,那么对于希望坚称造物主是善的人来说,就会产生另一个困境。正如休谟所说,"从一个如此善好的原因出发,人的行为……根本不可能有道德上的邪恶;如果它有任何邪恶,则必然意味着我们的造物主有同样的罪责,因为我们承认他是那些行为的最终原因和肇始者"(E 100)。我们可以通过完全抛弃罪责的概念来逃脱这个困境。我们可以论证说,由于罪责的概念依赖于自由意志这个混乱的概念,所以我们无论如何都应当这样做。但逃脱之后很快又会被擒获,因为可以用罪恶来重新表述这个困境,并且给造物主加上更重的负担,因为并非世界上的所有罪恶都源于人类有意的行为。这样一来是无法逃脱的,因为至少可以认为罪恶包含着人和动物的大量苦难,不可否认有这些苦难发生。在某些情况下,相信它来自一个善的原因也许可以减轻它,但这些情况是例外,而且我们不清楚除了减少恶,由此还能得到什么。既已否定"这是所有可能世界中最好的一个”这一荒谬建议，我们只能下结论说：如果有一个全能的造物主，那他绝不是善的。

像往常一样，休谟让读者自己去得出这个结论。提出自己的论证之后，休谟满意地指出，“迄今为止人们发现，既捍卫绝对命令，又能使神不必成为罪的创造者，这超出哲学的一切能力”（E 103）。由于休谟论证中最薄弱的一环是其决定论假设，所以值得指出的是，即使该假设被放宽，其结论也几乎不会受到损害。即使造物主只想让世界上的某些恶产生，而把其余的恶留给偶然，他的道德地位也不会高很多。

在讽刺性地评论说神的涉罪问题已经超出了哲学的力量之后，休谟指出这一主题“适度地回到了它真正的固有领域，即对日常生活的考察”（E 103），这正是他在对人的道德做出哲学解释时所遵循的方针。我们如果仔细考察就会发现，休谟的道德哲学是微妙而复杂的，但它是从少数能被清晰引出的原理中导出来的。这些原理中有些是分析的，有些是心理学的。我先来陈述和讨论它们，再考虑休谟从中得出的结论。

这些原理如下。我所列的次序并没有什么特殊意义。

1. 只关心发现真与假的理性“绝不能成为任何意志活动的动机”（T 413）。休谟正是从这个原理导出了其著名格言：“理性是而且仅应当是激情的奴隶，除了服务和听命于激情，再不能号称有其他任何职务。”（T 415）
2. 激励我们的激情可以是直接的或间接的，平静的或猛烈的。直接的激情，如喜悦、悲伤、希望和恐惧，或是源于人的自然本能，或是源于我们对善的渴望（这里可以等同于快乐），或是源于对罪的反感（这里可以等同于痛苦）。间接的激情，如傲慢、谦卑、爱恨，则源于这些原始动机与其他因素的结合。这种区分独立于平静与强烈的区分。由于动机可以是猛烈的，所以“人们往往有意违背自己的利益来行动”，而且并不总是受到“他们对最大可能的善的看法”的影响（T 418）。

3. 对其他生物的同情是一种自然本能。其力量在于，虽然我们“很少碰到爱别人甚过爱自己的人”，但也同样“很少碰到各种友善的感情加到一起都不超过全部自私的人”（T 487）。这种同情或仁爱的自然本能对于我们道德和政治态度的形成意义重大。

4. “既然道德……会影响行动和情感，所以道德不可能源于理性。”（T 457）因此，“道德准则并不是我们理性的结论”。

5. 道德判断并非对事实的描述。“以公认为邪恶的故意杀人为例。现在从各个方面来考察它，看看是否能发现你所谓**邪恶**的事实或实际存在。无论以何种方式考察它，你只会发现一些激情、动机、意愿和思想。这里没有其他事实。”（T 468）同样，如果突然遇到“没有一个命题不是由‘应该’或‘不应该’联系起来”（T 469），而不是“命题中通常的‘是’与‘不是’等系词”时，人们就被戏弄了。“这种新的关系可以从与之完全不同的其他关系中推导出来”是不可能的。

6. “邪恶和德性也许可以与声音、颜色、冷热相比，根据近代哲学的说法，这些东西都不是对象中的性质，而是心灵中的知觉。”（T 469）因此，“当你宣称任何品格是邪恶的时候，你的意思仅仅是说，由于你天性的结构，你在沉思它之时有了一种责备的感受或情绪”。值得注意的是，在这里以及休谟关于道德的其他论述中，他都采用了洛克关于第二性质的观点，尽管此前他在论述理解力时曾经拒斥过它。

7. 虽然我们会谈及善行或恶行，但其功过仅仅源于或善或恶的动机，仅仅是作为这些动机的标记或由此出发来行动的人的品格，才可以对这些行为做出道德评价。
8. 由“心灵的活动或性质”所唤起的我们称之为德性的赞许之情本身是令人愉快的，而非难之情则与恶有关，是令人不快的（E 289）。因此，我们也可以把德性看成“产生爱或自豪的能力”，而把恶看成“产生谦卑或憎恨的能力”（T 575）。
9. 唤起我们赞许或非难的是把性质或动机评价成分别产生了快乐或痛苦的优势。这些评价也可以被称为功用判断。
10. “除非人性中有某种动机来产生区别于其道德感的行为，否则任何行为都不可能是有德性的或在道德上是善的。”（T 479）
11. 道德的和政治的义务所依赖的正义感并非源于任何关于反思的自然印象，而是源于由“人为约定”而起的印象（T 496）。

我们先来考察心理学原理。有人也许会怀疑仁慈不超过自私的情况是否像休谟所假定的那样罕见，但我找不出好的理由去怀疑我们的确有一种同情或仁慈的自然本能。有人曾试图使同情从属于自爱，但在我看来，这些尝试是悖理的。既然没有什么先验的理由去假设任何行为都有自私的基础，因此在这个事例中，接受休谟所谓的“事物的明显显现”（E 298）是更为简单和合理的。

这里我不再深究休谟关于直接与间接、平静与猛烈的激情之间区分的细节，我认为应当接受以下几点。首先，并非所有有意的行为都是由动机引起的，即源于给自己或他人或整个社会带来某种好处的愿望；其次，即使我们的行为是由这样的动机引起的，这些行为也不一定符合功利主义原则。我们已经承认，这些行为很少符合纯粹的利己主义原理，但它们也不是纯粹利他主义的。同情在程度上各有不同，而其力量依赖于一个人与同情对象之间可能有的各种其他关系。它并不单纯正比于一个人对于对象的价值或需求的估计。因此，一个人可以选择不只是牺牲自己的利益，而且也牺牲他认为更大范围的更大利益，来使自己家族的成员、爱人或朋友得到好处。当一个人的行动不是故意的时，像怜悯、窘迫或愤怒这样的情感也许会引导我们甚至有意做出一些对任何人都没有好处的事情。也许有人会说，怜悯或愤怒所导致的行为是故意的，因为它们蕴含着一种给有关的人带来好处或坏处的欲望，但对此的回答是，欲望来源于感情，而非相反。也不必像休谟似乎暗示的那样，不顾结果的行为只来源于猛烈的激情。它们往往源于惰性。我们根本不愿费心去实现自己的偏好，无论这种偏好是获得快乐还是摆脱不利处境。还可以指出，我们对所付出努力的轻视被判断为超出了我们期待从其结果中产生的价值，但除非允许这种判断是无意识的，从而认为这种论述是无足轻重的，然后把它等同于惰性，否则我认为它根本与事实不符。

说有动机的行为并非一般都符合功利主义原则，并不是否认它们应该与之相符。我们仍然可以坚持说，只有当它们符合

图 9　休谟像，路易·卡罗日（1717—1806）作

这一原则时，我们才认为它们是道德的。事实上，我们还有进一步的心理障碍，那就是我们不仅并不总是做我们想做的事情，而且甚至当我们正在做我们想做的事情时，我们的目的也往往比产生快乐状态或消除痛苦状态更明确，虽然这里同样可以认为，只有具有这些目的时，我们的行为才被视为道德的。但我认为，把这种观点归于休谟是错误的。诚然，他说“心灵的每一种性质，通过单纯的审视就能给人以快乐的，都被称为善的；凡产生痛苦的每一种性质都被称为恶的”（T 591）；他还补充说，“这种快乐和这种痛苦可以来自四种不同的来源”，因为“我们只要观察到一种品格自然地对他人有用，或者对自己有用，或者令他人愉快，或者令自己愉快，就会获得一种快乐”。然而，有两点削弱了这段引文的分量。一是休谟并不认为我们在考察一种善的性质时所拥有的快乐总是同一类的，它会按照所考察性质的本性而变化。另一点是，他在谈到一种自然地对他人有用的品格时，并没有把这种功用等同于快乐的最大化，而在于它可以满足受影响的人碰巧拥有的无论什么欲望。

在这一语境下，同样值得指出的是，休谟并不是像边沁和密尔那样的功利主义先驱。我们将会看到，休谟把约定俗成的正义德性与公共利益联系起来，但他绝非把促进最大多数人的最大幸福这样的东西视为我们道德赞许对象的一般特征。

有人反对休谟说，并没有类似于物理感觉的道德感，也没有对德性或品格的看法总是唤起的关于道德赞许的特殊感受。对此的回答是，休谟并没有说存在着这种东西。诚然，正如我们所看到的，他谈到当我们沉思一种我们称之为邪恶的品格时，我们会有一种责备的感觉或情感，但他所要提出的论点是，在把某种品格称为邪恶时，我们并不是赋予它一种特殊的内在属性，而是在表达我们对它所拥有的属性的反应。这种反应的确必定是反对的,但它无须在任何情况下都有完全相同的形式。事实上,我们的确有厌恶感或道德上的义愤,但它们并不需要总是出现在每一个道德谴责事例中。我们的道德赞同或不赞同的态度实际上在于各种不同的状态、倾向和行动,并非所有这些东西都富有情感。

我还相信,当休谟谈到我们使用道德谓词仅仅是意指对它们所指的行为或品格进行思考使我们有了善意或敌意的感受时,一些批评者误解了休谟"意指"一词的含义。我并不认为休谟是在提出这样一个论点,即"X 是善的"这一形式的陈述在逻辑上等价于"我在思考 X 时有一种在道德上赞同的感觉",或者等价于"对 X 的思考在大多数正常人中唤起了一种赞同感"或"在某种社会的大多数成员中唤起了一种赞同感"这样的陈述。关于行为的正确性或履行这些行为的义务的陈述也是如此。我并不认为休谟具有这样的看法,即在做出这类陈述时,我们是在暗地里就我们自己或其他实际的或可能的批评进行断言。的确在某种意义上,休谟给我们的道德判断提供了一种分析,但这种分析并不是想提供一种对表达它们的句子进行翻译的窍门,而在于论述我们运用道德谓词的情况以及这种运用所要达到的目的。此外,如果我们坚持要从休谟那里提取出一种对我们道德陈述的重新表述,为了更接近目标,我们可以说他提出了近代的"情感理论",即可以用道德陈述来表达我们的道德情感;而不是说他提出了这样一种理论,即道德陈述是关于我们自己或他人心灵状况的事实陈述。

我们甚至还不清楚休谟被称为一个道德主观主义者是否是正确的,除非我们这样来使用"主观主义"一词,使我们可以正确地说，“洛克对颜色这样的性质作了一种主观主义论述”。但是说道德判断并非对事实的描述，这难道不是休谟的一条原理吗？的确如此，但它的意思却是，道德判断缺少那种可以在对人的动机描述或对人实际所做的事情的论述中找到的事实内容。从另一种观点来看，某一类动机或品格倾向于在思考它的人当中唤起某些反应，这和“这些反应是（或倾向于）被产生出来的”都是事实。在休谟的文本中也没有任何证据表明休谟想否认这一点。他的确想否认的是，道德谓词代表着洛克所谓的第一性质，或者换句话说，它们代表着被应用于动机、品格或行为的内在特征。

在这一点上，休谟无疑是正确的。以他所举的一个故意杀人案为例，这一行为的恶并不是它的一个附加特征，同凶手的种种动机或各种杀人手法等事实并列在一起。它也不表现为覆在这些事实连接上的一层釉。我说它是错误的行为也许带有一种描述性内容，如果认为它预设了我接受某种流行的道德准则，于是我在断言这种行为违反了这一准则的话；但它并不必然有这种预设。如果我的道德情感与我的共同体或任何其他共同体中流行的道德情感相左，那么它将不会变得无效。要想在某个事例中说服我放弃我的道德情感，不仅可以向我表明我对事实的了解不够准确或完整，也可以有其他各种方式。例如，也许可以基于哲学理由使我确信，只能认为违法者患有疾病；我也许会认为保持我的道德态度的一致性很重要，也许会被说服，这种情况与我曾持有不同看法的其他情况并无很大区别；我也许会被给予理由去认为，我对这件事的看法被我自己经验和品格的不当特征所蒙蔽。因此我也许会判定，我最初的道德判断是错误的。我说“错误的”而不说“假的”，是因为我认为只给那些带有预设了某种准则的道德判断赋予真值有助于澄清问题，这样一来，判断是否符合该准则提供的衡量标准就成了一个事实问题。显然，这既不意味着任何准则都是神圣不可侵犯的，也不意味着所有道德判断都是同样可接受的。

休谟关于从“是”推不出“应当”的主张也受到了质疑。最受喜爱的反例是“承诺”。有人论证说，由一个人在某些明确条件下说出形式为“我保证去做 X”的句子这一纯粹事实前提可以逻辑地推出，在其他条件不变的情况下他应当做 X。但这是一个谬误。如果这个论证看起来有说服力，那是因为它处于一种为承诺（也就是说，通过在恰当条件下说出一连串语词来承担一种道德义务）做好准备的道德气氛中。但如果我们所讨论的是一个逻辑蕴含的问题，那就无法正当地预设这种气氛的存在。我们只能把它说成是一个附加的前提，意思是说话者属于一个社会，这个社会有一条公认的原则，即说出如此这般的语词在某些情况下就是承担一种道德义务。这同样是一个事实前提，但即使把它与另一个前提结合起来，也得不出想要的结论。我们仍然需要这样一条道德前提，即他的社会的这条规则是应当遵守的。

对休谟理论的一个简单反驳是，它不仅适用于我们通常所谓的善恶，比如勇敢或懦弱、忠诚或无信、吝啬或慷慨，而且也适用于自然的禀赋或缺陷，比如美貌或丑陋、聪明或愚笨、合群或孤僻。在《人类理解研究》的一个附录中，休谟承认了这个事实，但认为它不重要而不再考虑它。在这一点上，他求助于常常被他视为楷模的西塞罗的权威以及亚里士多德的权威，亚里士多德“不仅把正义和友谊，而且把勇敢、节制、慷慨、谦逊、谨慎和男子气的坦诚也列入了德性”（E 319）。这没有解释我们通常所作的区分，虽然我怀疑休谟声称它并非基于任何一致的原则是正确的。我们可能会倾向于把“道德”这一名号局限于那些美好或恶劣的品质，这些品质需要更多的培养才能成为习惯，或者在更大程度上依赖于是否有自律。这仍然允许把好的风尚算作德性，但我并不认为这是不可接受的。

众所周知，康德认为只有出自义务感的行为才是道德的。康德的研究者如果发现休谟说，某个行为要想在道德上是善的，就必定出自某种并非道德感的动机，他也许会感到惊讶。休谟并不否认人们能够而且的确出于义务感而行动，他所否认的是这本身就能赋予某个行为以任何价值。一个生性吝啬的人也许会为此而渐渐感到羞愧，因此强迫自己做出慷慨的举动。最终，他起初对于慷慨的不情愿也许会被克服，也许还没有克服。然而，他克服吝啬并不必然是为了使他的行为在道德上成为善的。行为的善依赖于他习惯性地做出慷慨的举动，只要这是真的，那么这个人是否有慷慨的感觉，是否认为表现出与其性情相反的慷慨对自己有利，或者是否因为认为应当慷慨而违背自己的性情去行动，都不会导致道德上的差别。因此，我们必须避免被休谟所说的“行为只有作为善的动机或善的品格的标记才能在道德上是善的”所误导。这并不意味着他认为品格或动机本身就是善的。它们之所以是善的，仅仅是因为它们**习惯性地**引起了得到道德赞许的行为。是结果定了调子：动机之所以处于显要地位，仅仅是因为人们往往指望它们产生出仁慈的行为。把义务感当成一个人行为好的主要动机其实是要反对的，因为这暗示一个人仁慈的天性不足。

事实上，休谟和康德在这个议题上的对立走得更深，因为康德用义务感来限制道德的根据是，只有自由地行动，这种行为才可能有道德价值，而只有从义务感出发来行动，这些行为才是所要求的自由行为。但我们并不清楚这种形式的自由应该是什么样子，但无论如何，在此基础上区分义务感和其他任何动机似乎都是没有根据的。

理性自身绝不能成为任何行为的动机，虽然这看起来像是心理学的原则，但休谟却把它当成分析性的原则来加以辩护。休谟能够得出这一原则，是因为他把他所谓的理性限制于推理和评判真假，而且他从语义上假定起作用的动机不能在实质意义上被称为真或假。理性能够控制激情，因为可以用理性来发现一种激情建立在错误判断的基础之上，例如当事实证明一个人的恐惧对象并不存在时，或者被选择用来实现某种目的的方法并不足以实现目的时。休谟没有注意到的第三种情况是，理性向我们表明，实现一个我们所希望的结果将可能导致我们更希望避免的某种东西的出现。理性是而且只应是激情的奴隶，对休谟来说，这个戏剧性的陈述只不过是一则老生常谈，即只有当我们出于某种动机来实现某个目的时，理性才进入行为领域。"只应是"仅仅是一种修辞上的夸大，因为目的的选择已被排除在理性范围之外。同样，休谟那些惊人的断言，如"宁愿毁灭全世界也不愿伤害自己一根手指，这并不违反理性"，或者"我宁愿毁灭自己，也不愿与一个印第安人或我完全不认识的人发生些许不快，这也不违反理性"，或者"我宁愿为了我所认为的较小的好处而舍去我较大的好处，这也不违反理性"（T 416），都不过是一个几乎没有争议的假设的推论，即一个人的偏好无论多么古怪，都不是真值的承载者，而且并不必然是任何错误推理的结果。

另一方面，说道德影响我们的行为和感情，所以它不可能从理性推出，这一支持论证是无效的。甚至按照休谟自己的观点，我们的行为和感情也可能受到我们判断的真假的影响，或者受到我们的推理是否可靠的影响；我们的目的只有不被视为实现更进一步目的的手段时，才不会受到这种影响。然而，“道德规则并不是我们理性的结论”这一推断是独立地成立的，因为它正确地声称，道德规则并不出现在“观念的关系”领域中。

现在面临的主要反驳是，我们的确有一种关于结果或手段的合理性的构想。为了避开这一反驳，休谟提出我们误把平静的激情当成了“理性的决定”。但这种回答并不充分。诚然，当一个人不计后果地仓促行动时，我们说他的行为是非理性的，但我们也会把某些目的的本身当成非理性的，比如出现在休谟的例子中的那些目的。我认为这是指，任何一个明智的人都不会做出这些选择。这里显然有循环论证的危险，因为他对目的的选择进入了我们对于什么是明智的人的构想。为了避免这种循环论证，一个可能的办法是把下述情况当作事实：一个习惯于选择某种特定类型目的的人会在一般旁观者心中唤起一种愚蠢的印象。然后我们可以通过这个人的行为来定义目的的非理性，并把目的的合理性定义为它的反面。

休谟在正义感中发现了我们义务的来源，现在的问题是，这种正义感是自然的还是人为的。休谟说它是人为的，其根据在于没有自然的动机来提供它。除了极少数例子，人没有任何像“人类之爱”那样的激情，他们对待少数人的自然的仁爱之情会导致不公，因为它会引导他们以公共利益为代价来提升这些人的利益。从人的自私也不能直接产生正义感，尽管休谟对正义感的解释的确把它与自利间接关联起来。

休谟的解释如下。由于身体上的弱点，一个人只有作为群体的一员才能幸存和成长，即使起初它只是一个像家庭那样的小群体。随着群体的混合，它们往往会相互掠夺。“我们拥有三种不同种类的好处：我们内心的满意，我们身体的外在优点，以及我们通过勤劳和好运而获得的对这些所有物的享用。”（T 487）这里处境危险的主要是第三种好处，一方面是因为人的贪婪和鲜有仁爱之心，另一方面则是因为自然的吝啬。如果人们总是生活在一个充裕的环境中，无论怎样爱好奢侈，其物质欲望都能轻易得到满足，那么“小心翼翼唯恐失去的正义德性将永远不会被梦到”（E 184）。照目前情况来看，不同的群体不得不为那些现成的或可以获得的数量不多的物品而竞争。如果对这种竞争不加限制，那么没有人能够指望“安享他凭借运气和勤劳所获得的东西”（T 489）。为了避免这一灾难，人们发现遵守一套协议对自己是有利的，这种协议确立了财产权，也规定了财产从一个人合法地转移到另一个人的条件。这些协议并不是承诺。恰恰相反，承诺本身乃是基于协议，协议的目的就是使人对彼此之间未来的行为有安全感。财产的稳定性、可经同意而转移财产，以及履行承诺，这三条法则正是“人类社会的和平与安全所完全依靠的”（T 526）。

到目前为止，它还只是一个自利问题。道德既是自然地又是人为地被牵连进去；说它自然地被牵连进去，是因为我们同情非正义行为的受害者，这要么是通过我们对他们的感情，要么是在感情之外通过在想象中把我们放在他们的位置；说它人为地被牵连进去，是因为那些教育和统治我们的人自认为要训练我们把颂扬的短语用到对正义规则的遵守上，而把责难的短语用于对正义规则的破坏上，从而唤醒和加强与这些短语的使用相联系的道德情感。

这些规则的正当性在于，遵守它们有助于公众利益。然而，这只在一般情况下正确，而在某些特殊情况下则可能不正确。休谟给出的一个例子是，当“一个性情仁厚的人将一大笔财产归还给一个守财奴或煽动叛乱的顽固分子”时，他的“行为是正义可佩的，但公众却是真正的受害者”（T 497）。即便如此，休谟还是坚持认为我们总是应当遵从一般规则，这与今天的许多功利主义者看法一致。休谟没有作进一步论证，他只是说，“好处与坏处是不可能分离的。财产必须稳定，必须被一般规则固定下来。虽然在某种情况下公众也许是受害者，但这个暂时的坏处因这一规则被坚持执行，因其在社会中确立的安宁和秩序而得到了充分补偿”（T 497）。那么，为什么公众非得受害不可呢？这似乎只能因为对例外的宽容削弱了对一般规则的尊重，结果导致的失去功用将会超过例外的功用。但即使我们接受这一推理思路，它也不会包含下述情况，即对一个违反规则的行为的选择不大可能被众人知道。既然我们离开这一规则更能实现它的目的，我们为什么还要遵守这一规则呢？我不相信那些主张现在被视为规则功利主义的人能够令人满意地回答这一问题。

对于休谟正义理论的另一个反驳是，它与财产制度结合得过于紧密。例如，它为平等价值制定的唯一条款是，我们都有义务遵守我们的协议所确立的规则。不过这是一个容易补救的缺陷，因为总是可以对协议进行调整以符合各种利益安排，从而引导社会成员接受它。

虽然正义对于社会的维持是必需的，但在休谟看来，政府却不是如此。一个原始的未开化社会可以没有政府而维持下去。只有在战争胜利时，才需要一段时期的政府去协调战利品的瓜分。于是，士兵首领就有可能成为内部的仲裁者。正是由于这个原因，根据休谟的说法，“所有政府起初都是君主政治的”。

在更发达的社会中之所以需要政府，是因为人们自然倾向于为了短期目标而牺牲长远目标，限制他们这样做是符合他们利益的。因此，他们服从统治者是值得的，统治者的短期利益包括维持他们的特权，而这又依赖于法律和秩序的强制实施。统治者的确有可能变得非常残暴，以致没有他们其臣民会生活得更好。在这种情况下，其臣民如果有能力，就可以自由地推翻他们。然而，由于它所导致的动荡，这种行动不可能轻易进行，而且公民服从的习惯也使他们忍受暴政的时间要比只注重自己利益时能忍受的时间更长。建立各种特殊的政府有各种方式，包括继承王位、征服和实施宪法等。更重要的是权力的保有。无论一种政府体制是如何产生的，一般来说单凭它的持续就足以使它的存在被视为合法的。于是在某种意义上，政府建立在被统治者同意的基础之上，但这并不意味着我们必须发明一种社会契约来为政治服从做出道德辩护。既然正义规则对于契约的有效性来说是必需的，也足以解释政治义务，因此正如休谟正确指出的，即使是一个真正的契约，在这种情况下也起不了作用，更不要说那些政治作家试图作为契约而提出的哲学虚构了。有人指出，我们通过选择仍然臣服于一个政府来履行服从政府的义务，但除了其他反对意见，这预设了我们拥有一个严肃的替代方案，而事实往往并非如此。否则，正如休谟在《论原初契约》一文中所说，这就像告诉一个被拐骗到船上的人，他可以自由地跳水而死一样。

休谟并未试图把道德与宗教关联起来，这无疑是因为他看到不能把道德基于任何形式的权威，无论这种权威有多么强大，虽然宗教信念也许可以通过它对激情的影响而充当一种约束力。在任何情况下，休谟更感兴趣的都是宗教信念自命为真理，而不是宗教信念的功用。我们已经看到，他拒绝接受基督教。通过考察《自然宗教对话录》，现在我将试图证明我的说法是正当的，即休谟也拒绝接受自然神论。

《自然宗教对话录》中的三位参与者是：第美亚，他相信虽然我们无法参透上帝本性的奥秘，但可以先验地证明上帝的存在；克里安提斯，他论证说，我们证明上帝存在的唯一方法就是通过对世界进行观察，因此他的有神论建立在通常所说的“设计论证”的基础上；还有怀疑论者斐罗，他同意克里安提斯的看法，即设计论证是唯一值得考虑的论证，并且致力于表明这是一个多么可怜的论证。这并没有使他公然宣称无神论。他甚至断言：“当讲理的人处理这些主题时，问题永远不在于神的**存在**，而仅在于神的**本性**。”（D 142）但考虑到他的一般论证，这种说法就显得有讽刺意味了。在《自然宗教对话录》的安排中，斐罗讲得最多，这是我们认为他在为休谟代言的一个理由。

第美亚的论证是，任何事物的存在都必有原因，无穷追溯原因的观念是荒谬的，只有存在着一个必然存在的最终原因，这种无穷追溯才能停止。那就是神，“他自身之中包含着存在的**理由**；如果假定他不存在，必定会蕴含一个明显的矛盾”（D 189）。克里安提斯对这一论证的反驳是，神的存在据信是一个事实，而任何事实都不能先验地证明。不仅如此，如果我们有资格谈论一个必然存在，它也许就是宇宙自身。第美亚并未尝试去回应这个斐罗也认可的反驳，他在《自然宗教对话录》其余部分中的角色仅限于偶尔发出一个虔诚的抗议，指责克里安提斯未在人的性质和能力与其造物主的性质和能力之间做出足够大的区分。

虽然克里安提斯举了自然之中适应目的的许多例子（斐罗

接受这些例子），但他的立场在一则关于设计论证的有力陈述中得到了概括：

[他说]看一看周围的世界，沉思整个世界和它的每一个部分，你就会发现世界只是一部大机器，被分成无数较小的机器，这些较小的机器又可再分，一直分到人的感官和官能所不能追究与解释的程度。所有这些各式各样的机器，甚至它们最细微的部分，都彼此精确地配合着。凡对于这些机器及其各部分沉思过的人们，都会为这种准确性而赞叹。这种遍及整个自然的手段对于目的的巧妙运用，虽然远远超过了人的机巧，以及人的设计、思维、智慧和智能等等的产物，却与它们精确相似。因此，既然结果彼此相似，根据一切类比规则，我们就可以推出原因也是彼此相似的；而且可以推出造物主与人心有些相似，虽然与他所执行工作的伟大相比，他比人拥有大得多的能力。根据这个后天的论证，并且仅仅根据这个论证，我们的确立即可以证明神的存在以及他与人的心灵和理智的相似性。（D 143）

斐罗对这个论证的回答是整个《自然宗教对话录》的主题，但他对它的主要反驳可以简要地概括如下：

1. 因果论证基于经验到的规律性。由于我们并不熟悉多个世界，所以在这种情况下没有规律性可用。克里安提斯只能诉诸类比，这是一种较弱的推理形式。
2. 如果我们基于相似的结果有相似的原因这一假设来坚持作这个类比，我们还是没有理由得出结论说，宇宙是由一个无限的、永恒的和无形的存在设计出来的。我们没有经验到任何这类东西。机器是由终有一死的人建造的，这些人有身体，有性别，共同协作，会试错，会犯错和纠正，会改进其设计。因此，我们有什么权利剥夺宇宙设计者的身体和性别呢？为什么我们不能得出结论说，世界是许多神共同努力的结果呢？为什么世界不能是“某个幼稚的神初次尝试的简陋作品，后来又抛弃了它”，或者“某个老迈的神在年老昏聩时的产物”（D 169），他死后任宇宙自行运转呢？为什么不会是多个世界“在永恒的时间中被笨拙地创造出来和修补之后，这个世界才被开创出来”（D 167）呢？

3. 即使这种类比对于克里安提斯来说太强了，那么事实上它也是太弱了。世界的确包含着许多人工物，也包含着许多自然物，这些自然物至少就它们或者它们的某些部分服务于某种功能而言是与这些人工物相似的。但这并不意味着整个宇宙是一部机器或某种类似的东西；也不意味着宇宙有什么目的要服从。说它像一部机器，还不如说它像一个动物或植物有机体。“说世界是由另一个世界所播下的种子长成的，和说世界源于一种神的理性或设计，是同样明智的，同样符合经验的。”（D 178）
4. 如果我们正在从物体的宇宙追溯到“一个相似的观念的宇宙”（D 162），那么我们为什么要停留在那里呢？如果观念的秩序不需要作进一步解释，为什么我们在物质中发现的秩序就需要呢？
5. 我们对于世界的经验表明，“物质能保持永恒的骚动（这似乎是物质的本质），也能保持它所产生的形式的恒常性”（D 183）。为什么我们不能满足于认为物质有一种力，使物质从一种原始混沌发展成一种秩序，这种秩序可以解释“宇宙中出现的所有智慧和设计”（D 184）呢？这种理论肯定比无法证实且几乎无用地假设一个超自然动因更为可取。

6. 设计论证不仅面临着所有这些反驳，而且即使放弃这些反驳，它也得不到什么结果。接受这个论证的人最多只是有权说：“宇宙以前起源于某种类似于设计的东西，但超出了这一点，他就无法肯定任何一种情况，此后只能肆意进行幻想和假说去调整其神学的每一个论点了。”（D 169）

在休谟看来，也许最后一点是最重要的。正如我试图表明的，他在许多方面都发动了反对宗教信念的战役，但他最希望使哲学不像神学那样陷入“放肆的幻想和假说”。我们已经看到，他并非一致性的典范，但至少在其自然主义方面是一致的，他坚持每一门科学都要扎根于经验。他的主要兴趣太广，无法用一段话来概括，但他的总体看法也许可以概括出来。我认为最好的做法莫过于引用他在《人类理解研究》结尾的一段名言：

> 我们如果相信这些原则，那么当我们在各个图书馆中浏览时，将有多大的破坏呢？当我们拿起一本书来，比如神学的书或者经院哲学的书，我们可以问，**这其中包含着量和数方面的任何抽象推理吗**？没有。**其中包含着关于事实和存在的任何经验推理吗**？没有。那么我们就可以把它扔到火里，因为它所包含的没有别的，只有诡辩和幻想。（E 165）

索　引

（条目后的数字为原文页码）

D

E

F

G

H

I

J

K

L

M

N

O

P

R

S

T

U

V

W

Z

A. J. Ayer

HUME

A Very Short Introduction

Contents

List of Illustrations

The publisher and the author apologize for any errors or omissions in the above list. If contacted they will be pleased to rectify these at the earliest opportunity.

Preface

With the exception of the short biographical chapter, for which I am greatly indebted to Professor Ernest C. Mossner's excellent book *The Life of David Hume,* this book reproduces the text of the four Gilbert Ryle lectures which I delivered at Trent University, Ontario, in March 1979. I was all the more pleased to be invited to give these lectures, as Gilbert Ryle was my own tutor in philosophy, and I wish to express my gratitude not only to the sponsors of the lectures, the Machette Foundation and the Victoria and Grey Trust Company, but also to the members of the Department of Philosophy and many of their colleagues at Trent for the warmth of the hospitality which they showed to me.

In quoting from Hume's philosophical works, I have made use of the following texts, of which the first three are available in paperback.

A Treatise of Human Nature, edited by L. A. Selby-Bigge; second edition revised by P. H. Nidditch; including Hume's *Appendices* and *Abstract*. Oxford University Press, 1978.

Enquiries concerning Human Understanding and concerning the Principles of Morals, edited by L. A. Selby-Bigge; third edition revised by P. H. Nidditch. Oxford University Press, 1975.

Dialogues concerning Natural Religion, edited with an introduction by Norman Kemp Smith, including Hume's *My Own Life* as a supplement. Bobbs-Merrill, 1977.

Essays Moral, Political and Literary, Vol. II, edited by T. H. Green and T. H. Grose. Longmans, 1875.

At the wish of the Oxford University Press, I have put my references to these works within parentheses in the text, identifying them by the letters T, E, D, and G respectively. The numerals following the letters refer to pages. My only other references of this sort are to pages of Mossner's book, identified by the letter M.

For all his other literary achievements, including his celebrated *History of England*, Hume was first and foremost a philosopher, and apart from the opening chapter, in which a sketch of his life is given, this book is entirely devoted to an exposition of his philosophy.

A. J. Ayer

18 April 1979

Chapter 1
Life and Character

David Hume, to my mind the greatest of all British philosophers, was born at Edinburgh on what, in the old calendar, was 26 April 1711. In his valedictory *My Own Life*, an autobiography running to only five pages, which Hume composed in April 1776, four months before his death, he showed pride in coming of good family, on both sides. His father, Joseph Home, combined the profession of law with the ownership of an estate at Ninewells in Berwickshire, which had belonged to the family since the sixteenth century, the family being, as Hume put it, 'a branch of the Earl of Home's or Hume's' (D 233), which was in the twentieth century to produce a Conservative Prime Minister; his mother, Katherine, was 'the daughter of Sir David Falconer, President of the College of Justice', and one of her brothers inherited a peerage. The couple had three children, of whom David was the youngest, his brother John being born in 1709 and his sister Katherine a year later.

Joseph Home died in 1713, while David was still an infant. The estate passed to the elder son and David was left with a patrimony of some £50 a year, which even in those days was not quite enough to make him financially independent. It was planned that he should follow his father's example and become a lawyer. Their mother, who did not remarry, managed the estate until John was old enough to take charge of it. By all accounts, David was devoted to her, as well as to his brother and sister. She was an ardent Calvinist, and brought her children up in the faith, which David rejected, together with all other forms of Christianity, in his teens. That this did not impair his relations with his mother suggests that he concealed it from her or at least did not obtrude it. Throughout his life he was of a peaceable disposition and averse from engaging in public as well as private controversy, though not at all lacking in the courage of his own convictions, however unorthodox, or reluctant to express them in print. The story of his mother's saying 'Our Davie's a fine good-natured crater, but uncommon wake-minded' is not supported by any documentary evidence. If it is true, it may be the expression of a feeling of exasperation at the time it took him to become financially independent of the family estate.

In 1723, when David Hume was not quite 12 years old, he went with his elder brother to the University of Edinburgh. They were there for the best part of three years and left, as was quite common in those times, without taking a degree. The arts course, in which they were enrolled, comprised Greek, logic, metaphysics, and natural philosophy, now better known as physics, as compulsory subjects. There were also elective courses in other subjects such as ethics and mathematics. The level of the lectures seems to have been fairly elementary, but it is probable that Hume gained some knowledge at this stage of the seminal work of Isaac Newton and John Locke. All that he himself says about his university studies is that he 'passed through the ordinary Course of Education with Success'.

Having returned to Ninewells, Hume tried to settle down to the study of law, but very soon gave up the attempt. The passion for literature, understood as including history and philosophy, to which he referred in his autobiography as 'the ruling Passion of my Life and the Great Source of my Enjoyments', proved too strong, to the point where, in his own words, he 'found an insurmountable Aversion to anything but the pursuits of Philosophy and General Learning' (D 233). Though he speaks of Cicero and Virgil as the authors whom he was 'secretly

1. Portrait of Hume by Allan Ramsay, 1754.

devouring', in place of the jurists whose works his family believed him to be studying, his thoughts ran chiefly on philosophy, and it was in 1729, when he was still only 18 years of age, that there opened up to him 'the new scene of thought' which was to be displayed in his first and eventually most famous book, *A Treatise of Human Nature.*

The excitement of this discovery and the intensity with which he worked upon it combined to impair Hume's health. His disorder was psychosomatic and a course of regular physical exercise, supported by an ample diet, turned him within two years from a 'tall, lean and rawboned' youth into what he describes as the 'most sturdy, robust, healthful-like Fellow you have seen with a ruddy Complexion and a cheerful Countenance'. Nevertheless he remained subject to attacks of nervous depression, with physical symptoms such as palpitations of the heart, and the local physicians, to whom he frequently resorted, were unable to cure him. Eventually, he himself decided that he had better give up his studies, at least for the time being, in order to 'lead a more active life', and in February 1734 he left Scotland for Bristol, where he had been offered a post as clerk in a firm of sugar-merchants. His decision may have been influenced by the fact that he was shortly to be cited by a local servant-girl before an ecclesiastical court, presided over by his uncle, as the father of her illegitimate child. The charge was not considered proved against him and did not, even locally, damage his reputation. There is, indeed, later evidence that he remained susceptible to women, though he never married and was of too calm a temper, and too thoroughly immersed in intellectual pursuits, to qualify as an amorist.

Though he made some good friends in Bristol, it took Hume no more than four months to decide that the life of commerce did not suit him. It has been suggested that he was dismissed from his employment because of his insistence on criticizing his employer's literary style (M 90). Whether this is true or not, there is no doubt that Hume was happy to be left free to concentrate on his philosophy. The most lasting result of his stay in Bristol was that he there changed the spelling of his name from Home to Hume, to accord with its pronunciation.

Having resolved to devote himself to the writing of his *Treatise*, Hume migrated to France, probably on the ground that he could manage better there on his small private income. After a short stay in Paris, where he obtained some useful introductions from a fellow Scotsman, the Chevalier Ramsay, he spent a year at Rheims and two years at the small town of La Flèche in Anjou, the site of the Jesuit College where Descartes had been educated. He made friends among the Jesuit Fathers and took advantage of their extensive library. By the autumn of 1737 the greater part of the book was written, and Hume returned to London to find a publisher for it.

This did not prove so easy as he had hoped. It was a year before he succeeded in making a contract with John Noon for an edition of a thousand copies of the first two 'books', entitled 'Of the Understanding' and 'Of the Passions', for which he received £50 and twelve bound copies. The work was published, anonymously, at a price of ten shillings, in January 1739, under the general title of *A Treatise of Human Nature: Being an Attempt to Introduce the Experimental Method of Reasoning into Moral Subjects*. The third 'book', 'Of Morals', was not yet ready for publication. Its appearance was delayed until November 1740, when it was published, this time by Mark Longman, at a price of four shillings.

The reception of the *Treatise* was a great disappointment to Hume. In his own words, 'Never Literary Attempt was more unfortunate than my Treatise. It fell *dead-born from the Press*, without reaching such distinction as even to excite a murmur among the zealots' (D 234). This is not altogether accurate. It is true that not all the copies of Noon's edition were sold in Hume's lifetime, but the work was noticed in English and foreign journals, and obtained three reviews of considerable length. The trouble was that the tone of the reviews was predominantly hostile, and on occasion disdainful. Hume believed that the hostility arose largely from a misunderstanding of his views, and he sought to remedy this by publishing in 1740 an anonymous sixpenny pamphlet, advertised as *An Abstract of a late Philosophical Performance, entitled* A TREATISE OF HUMAN NATURE, *&c. Wherein the chief Argument and Design of that Book, which has met with such Opposition, and been represented in so terrifying a Light, is further illustrated and explain'd*, but appearing under the less aggressive title of *An Abstract of a Book lately Published. Entituled, A Treatise of Human Nature, &c. Wherein The Chief Argument of that Book is further Illustrated and Explained*. This pamphlet fell into oblivion until a copy of it was discovered and identified in the late 1930s by Maynard Keynes, and published with an introduction by himself and Piero Sraffa under the title *An Abstract of a Treatise of Human Nature, 1740: A Pamphlet hitherto unknown by David Hume*. The abstract draws particular attention to Hume's theory of causation, which was, indeed, the feature of the *Treatise* for which it was later to become most celebrated.

Hume came to think himself largely responsible for the failure of the *Treatise*, because of its defects of presentation, and was later disposed to disown it. The first sign of this is to be found in the preface to the first of the two volumes of *Essays, Moral and Political*, published respectively in 1741 and 1742, in which, remaining anonymous, he is described as a 'new Author'. The essays, which were brought out by Andrew Kincaid in Edinburgh and numbered twenty-seven in all, were of varying degrees of seriousness, and covered a large range of topics, including criticism, manners, philosophy, and politics. They were favourably received, especially the political essays on such subjects as 'The Liberty of the Press' and 'The first Principles of Government'. One that aroused particular interest was 'A character of Sir Robert Walpole', a harsher appraisal than Hume wanted to sustain when that statesman had fallen from power. For this reason, no doubt, he did not reprint the essay in later editions of the work. He also omitted several of the

AN

ABSTRACT

OF

A BOOK lately PUBLISHED;

ENTITULED,

A

TREATISE

OF

Human Nature, &c.

WHEREIN

The CHIEF ARGUMENT of that BOOK is farther ILLUSTRATED and EXPLAINED.

LONDON:

Printed for C. BORBET, at *Addison*'s *Head*, over-against St. *Dunstan*'s *Church*, in *Fleet-street*. 1740.

[Price six Pence.]

2. Frontispiece of Hume's *Abstract* (1740), in which he attempted to correct misunderstandings of the views set out in the *Treatise*.

lighter pieces with such titles as 'Of Love and Marriage' and 'Of Impudence and Modesty'.

The publication of these essays not only made Hume some money, amounting perhaps to £200, but emboldened him to become a candidate for the Professorship of Ethics and Pneumatical Philosophy at Edinburgh University. The suggestion that he should apply was made to him in 1744 by his friend, John Coutts, the Lord Provost of Edinburgh. The holder of the Chair, Alexander Pringle, had been on leave for the past two years, serving abroad as an army doctor, and his appointment as Physician-General to the Forces in Flanders did not seem compatible with his remaining a professor in Edinburgh. There was then no overt opposition in the Town Council to the choice of Hume as his successor. Unfortunately, however, Pringle delayed his resignation till Coutts had ceased to be Lord Provost and the zealots, whom Hume had after all offended, had had time to gather their forces. A pamphlet, entitled *A Letter from a Gentleman to his friend in Edinburgh*, which Hume published anonymously in 1745, denying that he had rejected, as opposed to explicating, the proposition 'that whatever begins to exist must have a cause', or that the argument of his *Treatise* led in any other way to atheism, failed to appease them. The Chair was offered in the same year to Hume's friend and mentor, Francis Hutcheson, who was Professor of Moral Philosophy at the University of Glasgow, and when Hutcheson declined it, the Council chose to promote the lecturer who had been doing Pringle's work.

Still lacking the financial security which the appointment would have given him, Hume accepted an offer of a salary of £300 a year to act as tutor to the Marquis of Annandale, an eccentric young nobleman, soon to be declared insane, who lived near St Alban's at a convenient distance from London. In spite of his employer's vagaries, and the ill-will shown him by an influential member of the family, Hume was sufficiently contented with his position to be willing to consider retaining it at a lower salary. No doubt the reason was that it allowed him leisure to write. It was at this time that he began work on his *Philosophical Essays concerning Human Understanding*, later to be entitled *An Enquiry concerning Human Understanding*, which was designed to supersede the first book of the *Treatise*, and most probably also wrote his *Three Essays, Moral and Political*. Both works were published in 1748.

The *Enquiry* is, indeed, a much better written work than the *Treatise*, from which it differs more in emphasis than in argument. The central issue of causality is brought more into the foreground, and it is less encumbered with what would now be reckoned as psychology. There are also sections of the *Treatise*, such as that on Space and Time, for which it has no counterpart. On the other hand, it includes a chapter 'Of Miracles', which Hume had omitted from the *Treatise* out of prudence. The central argument of this chapter 'That no testimony is sufficient to establish a miracle, unless the testimony be of such kind that its falsehood would be more miraculous than the fact, which it endeavours to establish' (E 115–16), with its iconoclastic implications, procured Hume more fame among his contemporaries than anything else in his purely philosophical work.

Three Essays, Moral and Political, which appeared in February 1748, was the first of Hume's books to which he put his own name, a practice he was thenceforward to continue. The essays were prompted by the rebellion of the Young Pretender, and Hume said of them, before their publication, that 'One is against the original Contract, the system of the Whigs, another against passive Obedience, the system of the Tories: A third upon the Protestant Succession, where I suppose a Man to deliberate, before the Establishment of that Succession, which Family he should adhere to, and to weigh the Advantages and Disadvantages of each'. In fact the essay on the Protestant Succession was not published till 1752, and was replaced in the 1748 volume by an essay on 'National Characters'. Hume was in no degree a Jacobite, but he wrote a pamphlet in defence of his friend Lord Provost Stewart, who was arraigned in 1747 for having surrendered Edinburgh to the rebels, though owing to the timidity of the printers the pamphlet was published only after Stewart's acquittal.

Hume's willingness to compromise over his tutorship availed him nothing, for in April 1746 he was dismissed, with a quarter's salary owing to him, which he may, some fifteen years later, have succeeded in getting paid. He thought of returning to Scotland, to a home bereft of his mother, who to his great sorrow had died the year before, but was prevented by an offer from a distant kinsman, General St Clair, to act as his Secretary on an expedition which the General had been appointed to lead to Canada, with the intention of helping the English colonists to expel the French. While the expedition was waiting at Portsmouth for a favourable wind, Hume was promoted from his Secretaryship to be Judge-Advocate of all the forces under St Clair's command. The wind never did become favourable, and the expedition was diverted to Brittany, where it failed to take the town of L'Orient, abandoning the siege just at the moment when the French were deciding to surrender, and returned to England without having accomplished anything of note. General St Clair appears to have been more unlucky than culpable, and his conduct of the expedition was later to be defended by Hume in print against the ridicule of Voltaire. Once more Hume had to wait many years before he was able to extract from the Government the pay due to him as Judge-Advocate.

After the expedition was disbanded, Hume returned briefly to Ninewells, but early in 1747 he was back in London, having accepted an invitation from the General to serve as one of his Aides-de-camp 'in his military Embassy to the Court of Vienna and Turin'. He wore the uniform of an officer, which probably did not become him. According to an irreverent young witness 'the Corpulence of his whole Person was far better fitted to communicate the Idea of a Turtle-eating Alderman than of a refined Philosopher' (M 213–14). The same observer, though subsequently proud of his acquaintance with Hume, commented on the disparity between his mental powers and the vacancy of his countenance and sneered at his retention of 'the broadest and most vulgar Scottish accent' in speaking either English or French.

Hume remained at Turin until the end of 1748, so that he was absent from England during the period of the publication of the *Three Essays*, the first volume of the *Enquiry*, and a reissue of *Essays, Moral and Political*, which laid the foundation of his literary reputation. The great French writer Montesquieu was so impressed with these *Essays* that he sent Hume a copy of his *L'Esprit des loix*, and the two men corresponded regularly for the remaining seven years of Montesquieu's life.

Hume himself was slow to realize that the tide was turning in his favour, at least if we are to believe his autobiography, in which he speaks of his mortification at finding on his return to England that neither the *Enquiry* nor the reissue of his *Essays* had achieved any great success. This was not, however, a discouragement but rather a stimulus to his literary ambition. Returning to Ninewells, he completed by 1751 the *Enquiry concerning the Principles of Morals*, designed to replace Book III of the *Treatise*, and considered by Hume 'of all my writings historical, philosophical or literary incomparably the best' (D 236). In the following year he published his *Political Discourses*, and during this period he also began work on his *Dialogues concerning Natural Religion* and engaged in research for his *History of England*. At the same time his work began to attract criticism. In his own words, 'Answers by Reverends and Right Reverends came out two or three a year' (D 235), but Hume maintained his fixed resolution 'never to reply to anybody'.

This hostility did not extend for the most part to the *Political Discourses*, though they did not escape being placed on the Roman Catholic Index, in 1761, along with all Hume's other works. The *Discourses*, described by Hume as 'the only work of mine that was successful on its first Publication', were originally twelve in number, of which only four were strictly political. One was concerned with the relative populousness of the ancient and modern worlds and the other seven were contributions to what is now called economics. Hume was a strong advocate of free trade, and his essays in some degree foreshadowed the theory developed by his young friend Adam Smith in his celebrated book *The Wealth of Nations*, the first volume of which was read with admiration by Hume a few months before his death.

In 1751 John Home married, and David and his sister set up house in Edinburgh, moving to slightly more luxurious quarters as his fortunes improved. Apart from his literary earnings, his appointments at Vienna and Turin had left him 'master of near a thousand Pound' and his sister had a small private income of £30 to add to his £50. Though he speaks of his frugality, he seems to have led an active social life, being frequently entertained by his extensive circle of friends, including many of the moderate clergy, and returning their hospitality. He would have been, however, prepared to move to Glasgow, if he had been able to secure the University Chair of Logic, which Adam Smith vacated in 1752 to succeed to the Chair of Moral Philosophy, but though he had the support of other professors besides Adam Smith, the opposition of the zealots again prevented his appointment.

Hume was in some degree consoled for this failure by being made Librarian to the Faculty of Advocates at Edinburgh. The salary was only £40 a year and Hume refused to take it after 1754, when the Curators rejected, on the ground that they were indecent, three books that he had ordered, one of them being the *Contes* of La Fontaine. Hume did not resign till 1757, but compromised in the meantime by giving the money to his friend Blacklock, the blind poet. The advantage to Hume of the position was that, the library being exceptionally well stocked, it gave him access to the books that he needed for the writing of his *History*. He appears still to have had access to the library after he had

3. Parliament Square and the Law Courts, Edinburgh. The Advocates' Library, where Hume worked from 1752 until 1757, was located inside Parliament House.

resigned its Keepership in favour of his friend, the philosopher Adam Ferguson.

The six volumes of Hume's *History* appeared in an unusual order. It began with the Stuarts, the first volume, covering the reigns of James I and Charles I, and the second, which continued the story till the fall of James II, being published respectively in 1754 and 1756. The next two volumes, which came out in 1759, were devoted to the Tudors, and the work was completed by the publication in 1762 of two volumes spanning the centuries between the invasion of Julius Caesar and the accession of Henry VII. The first volume was a failure at the outset, partly because its attempt to be fair to both sides in the conflict between King and Parliament irritated the Whigs without satisfying the Tories, and partly, it would seem, because of a conspiracy into which the London booksellers entered against the Edinburgh firm to which Hume had entrusted it. Eventually this firm found it advisable to transfer its rights to Andrew Millar, Hume's usual publisher, who then brought out the subsequent volumes. These were much more successful, both critically and financially. The sums for which Hume sold the rights of the various volumes amounted in all to more than £3,000, and the work came to be considered by Hume's contemporaries as an outstanding achievement, to the point where he was esteemed even more highly as a historian than as a philosopher. Thus Voltaire went so far as to say that 'nothing can be added to the fame of this *History*, perhaps the best ever written in any language' (M 318). A much later verdict of Lytton Strachey's, in an essay on Hume included in his *Portraits in Miniature*, that Hume's book, 'brilliant and weighty as it was, must be classed rather as a philosophical survey than a historical relation', comes nearer the mark, but the *History* remains very well worth reading, if only for its wit and the beauty of Hume's style.

In the course of publishing his *History* Hume brought out in 1757 another volume of essays entitled *Four Dissertations*. The most important of them was ' Natural History of Religion'. The second, 'Of the Passions', was a condensation and revision of the second book of the *Treatise*. The third and fourth were 'Of Tragedy' and 'The Standard of Taste'. The essay on the standard of taste took the place of an essay on Geometry and Natural Philosophy, which Hume was dissuaded from printing by his friend Lord Stanhope, who was a mathematician. Having discarded the mathematical essay, Hume planned to bring the number of Dissertations up to five by adding to the first three mentioned an essay 'Of Suicide' and one called 'Of the Immortality of the Soul', but his publisher, Millar, was afraid of the consequences of their being taken as a further affront to religion, and Hume withdrew them. Copies of the manuscripts were in private circulation, but the essays were never included in any authorized edition of Hume's works, though unauthorized versions appeared in 1777 and 1783, and they are to be found among 'Unpublished Essays' in the second volume of the Green and Grose edition of 1875.

In 1758 and again in 1761 Hume went to London to see the remaining volumes of his *History* through the press. On the first occasion he remained there for over a year, and had serious thoughts of settling, before deciding that he preferred the atmosphere of Edinburgh. He was well received both in high society and in literary circles, though Boswell reports Dr Johnson's saying that he once left a company as soon as Hume joined it. Johnson's 'abhorrence' of Hume did not, however, prevent them on a later occasion from being fellow guests at dinner at the Royal Chaplain's without coming into open conflict. Characteristically, Hume used his influence with Millar to ensure the publication of the *History of Scotland* written by his friend, the Reverend William Robertson, and to promote its sales, even to the possible detriment of those of his own work. He was, however, slightly annoyed when Robertson was appointed Historiographer Royal for Scotland, in preference to himself.

At the conclusion of the Seven Years War in 1763 the Earl of Hertford, a cousin of Horace Walpole's, was appointed British Ambassador to the court of France. Being supplied with an official secretary of whose character he did not approve, he decided to employ a personal secretary and offered the position to Hume, whom he had never met. Since he was himself a very pious man, this choice was surprising, but Hume had been strongly recommended to him, as one whose name carried great prestige in France. Hume at first declined the offer, but accepted when it was renewed. He liked both Lord and Lady Hertford when he met them in London, and in October 1763 he accompanied them to Paris.

From the moment of his arrival in Paris Hume enjoyed the most extraordinary social success. As Lytton Strachey put it, 'he was flattered by princes, worshipped by fine ladies, and treated as an oracle by the *philosophes*'. His closest friends among the *philosophes* were the *Encyclopédistes* Diderot and d'Alembert, and the materialist Baron d'Holbach. There is a story of his dining at Holbach's and saying that he had never met an atheist, whereupon Holbach told him that of the persons present, fifteen were atheists and the other three had not made up their minds. Among the fine ladies, his chief admirer was the Contesse de Boufflers, who had made herself known to him by letter in 1761. Fourteen years younger than Hume, she was the mistress of the Prince de Conti, whom she had vain hopes of marrying when her husband died. Though she never lost sight of this primary objective, she appears for a time to have been in love with Hume, and there is stronger evidence from their correspondence that he was in love with her. Though they did not meet again after Hume left Paris in January 1766, they continued for the next ten years to write to one another. His last letter to her, commiserating with her on the death of the Prince de Conti and saying of himself 'I see death approach gradually, without any Anxiety or Regret. I salute you with great affection and regard, for the last time', was written within a week of his own death.

When Hume left Paris he took Jean-Jacques Rousseau with him.

4. Depiction of Voltaire at a dinner attended by fellow intellectuals d'Alembert, Marmontel, Diderot, la Harpe, Condorcet, Maury, and Father Adam. During his time in Paris following his appointment as secretary to the British Ambassador in 1763, Hume was 'treated as an oracle by the *philosophes*', and was particularly close friends with the *Encyclopédistes* Diderot and d'Alembert.

Rousseau had been living in Switzerland, but his heterodox religious views had made him enemies there, nor could he rely on being undisturbed in France. Hume was persuaded, mainly by their common friend Madame de Verdelin, to take Rousseau under his protection, though warned by the *philosophes* that Rousseau was not to be trusted. Rousseau's 'gouvernante', the illiterate Thérèse Le Vasseur, was to follow, escorted by Boswell, whom she seduced on the way. At first all went well. Hume and Rousseau liked and admired one another. There was some trouble in finding a place where Rousseau would consent to live, but he finally accepted an offer from Richard Davenport, a rich country gentleman, of a house in Staffordshire at a nominal rent. Hume also arranged for him to receive an offer of a pension of £200 from King George III. But then Rousseau's paranoia broke out. Horace Walpole had written a squib against him, which Rousseau attributed to Hume. There had been jokes about him in the English press. Thérèse made mischief. Rousseau became convinced that Hume had joined with the *philosophes* in a conspiracy against him. He refused the King's pension, became suspicious of Mr Davenport, and wrote bitter letters to his friends in France, to the English newspapers, and to Hume himself. Hume tried to persuade Rousseau of his innocence, and when he failed, became anxious for his own reputation. He sent d'Alembert an account of the whole affair, giving him leave to publish it, if he thought fit. D'Alembert did publish it, together with the letters that constituted the principal evidence, and an English translation of d'Alembert's pamphlet appeared a few months later. Rousseau remained in England till the spring of 1767 and then, without a word to Mr Davenport, returned with Thérèse precipitately to France. There was no doubt that Rousseau had behaved very badly to Hume, but some of Hume's friends thought that he should have made allowances for Rousseau's paranoia and that it would have been more dignified for him not to have publicized the quarrel.

For a few months in 1765, during the interval between Lord Hertford's departure for Ireland, where he had been appointed Lord Lieutenant,

5. Scottish political economist and philosopher Adam Smith (1723–90), who wrote of Hume 'upon the whole, I have always considered him, both in his life-time and since his death, as approaching as nearly the idea of a perfectly wise and virtuous man, as perhaps the nature of human frailty will admit'. Hume was said to have been reading Adam Smith's *The Wealth of Nations* on his deathbed.

and the arrival of his successor, Hume had acted as Chargé d'Affaires in Paris and shown himself to be a capable diplomat. He refused Lord Hertford's invitation to serve with him in Ireland, but in 1767 accepted an offer from the Secretary of State, Lord Hertford's brother, General Conway, to serve in London as Under-Secretary for the Northern Department. He carried out the duties of this position very successfully for the following two years.

When Hume returned to Edinburgh in 1769, he had become so 'opulent' as to enjoy an income of £1,000 a year. He built himself a house in the New Town in a street off St Andrew's Square, which came to be known in his honour as St David's Street. He resumed his active social life, took no public notice of the numerous attacks that were made on his philosophy, and occupied himself with the revision of his *Dialogues concerning Natural Religion*. The work was posthumously published, most probably by Hume's nephew, in 1779. In the spring of 1775 he was, in his own words, 'struck with a disorder in my bowels, which at first gave me no Alarm, but has since, as I apprehend it, become mortal and incurable' (D 239). He suffered little pain and never 'a moment's Abatement of my Spirits'. Boswell characteristically intruded on him to see how he was facing the prospect of death, and was convinced by his assurance that he viewed it serenely. Equally characteristically, Dr Johnson insisted that Hume must have been lying. Death finally came to him on 25 August 1776.

Hume's life largely bears out his description of himself as 'a man of mild Dispositions, of Command of Temper, of an open, social, and cheerful Humour, capable of Attachment, but little susceptible of Enmity, and of great Moderation in all my passions' (D 239). There is no doubt that Adam Smith was sincere when he concluded his obituary portrait of his friend by saying: 'Upon the whole, I have always considered him, both in his life-time, and since his death, as approaching as nearly to the idea of a perfectly wise and virtuous man, as perhaps the nature of human frailty will admit.'

Chapter 2
Aims and Methods

In histories of philosophy, David Hume is most often represented as completing a movement which was started by John Locke in 1690, with the publication of his *Essay concerning Human Understanding*, and continued by George Berkeley, whose *Principles of Human Knowledge* appeared in 1710, the year before Hume's birth. The main theme of this movement is that men can have no knowledge of the world but what they derive from Experience, and the lines of its development are that Experience consists, as Locke put it, of Sensation and Reflection, that the operations of the mind, which are the objects of Reflection, are directed only on to the material, or their own transformation of the material, provided by the senses, and that the material provided by the senses consists of atomic elements such as colours, tactile feelings, bodily sensations, sounds, smells, and tastes.

According to this story, Locke made a valiant attempt to assemble on this basis a picture of the physical world which accorded with the scientific theories of Boyle and Newton. It largely depended on his adopting a theory of perception which divided the data or, as Locke called them, 'simple ideas' of sense into two categories: ideas, such as those of solidity, figure, and extension, which were not only the effects of the actions of physical objects upon our minds, but also resembled these objects in character; and ideas, such as those of colour or taste, which were nothing more than effects. These were respectively termed ideas of primary and ideas of secondary qualities. In both cases, the qualities accrued to the objects in virtue of the nature and activity of their 'minute parts', but whereas the primary qualities actually characterized the objects, the secondary qualities were only dispositional; they were merely powers which enabled the objects, under suitable conditions, to produce ideas in us.

Berkeley, according to the view which we are considering, is held to have refuted Locke by demolishing his theory of perception. He showed not only that Locke was unjustified in drawing his vital distinction between ideas of primary and secondary qualities but, even more damagingly, that he had no warrant, on his premisses, for believing in the existence of physical objects at all, that is, so long as physical objects are conceived, in the manner of Newton and Locke, as existing independently of our perception of them, and not as being simply composed of ideas or 'sensible qualities', a view which Berkeley somewhat rashly claimed to be anyhow more in accord with common sense. There had to be minds to perceive ideas, and since only a small minority of our ideas were the products of our own fancy, they had in the mass to have some external cause. But for this there was no need, no warrant, and, as Berkeley reasoned, not even any coherent possibility of having recourse to matter. God would suffice not only to cause our ideas but also to keep things in being when they happened not to enter into the field of any human perception. He might have laid a smaller burden upon God if he had taken the course, which John Stuart Mill was later to pursue, of reducing physical objects to 'permanent possibilities of sensation', and there are passages where he seems to endorse this view. But Berkeley was an Anglican bishop, and it suited his religious interests to maximize the part played by God. In Newtonian physics, provision is made for a creator to bring the universe into being, but once the machinery is started, the creator can turn his back upon it: it runs securely on its own. In Berkeley's estimation, this gave encouragement to deism or worse. He, therefore, made sure that God was constantly on the watch.

6. The five senses, sight, smell, taste, touch, and hearing, depicted in a cartoon by L. Bailly. Locke, Berkeley, and Hume were part of a tradition which attempted to tie knowledge to what can be observed by use of the senses.

The part assigned to Hume is that of undermining Berkeley in much the same way as Berkeley had undermined Locke. Berkeley had eliminated matter, at least as the physicists conceived it, but left minds intact. Hume, an avowed sceptic, showed that this favouritism was unjustified. We had as little reason for believing in the existence of minds, as beings maintaining their identity through time, as we had for believing in the existence of material substances. There was an equal want of any rational justification for believing in the existence of Berkeley's God. But Hume carried his scepticism further. Both Locke and Berkeley had taken the concept of causality on trust. They differed only in that Locke allowed relations of force to hold between physical particles, whereas Berkeley gave minds the monopoly of causal activity. Hume set himself to analyse the relation of cause and effect and what emerged from his analysis was that the idea of force, or of causal activity, in its ordinary interpretation, was myth. There could be no necessary connection between distinct events. All that remains, then, is a series of fleeting 'perceptions' with no external object, no enduring subject to whom they could belong, and not themselves even bound to one another.

This was the outcome attributed to Hume by the ablest of his contemporary critics, the Reverend Thomas Reid, who succeeded Adam Smith as Professor of Moral Philosophy at Glasgow University. Reid was the founder of the Scottish school of common-sense philosophers who carried the tradition into the nineteenth century, and his *Inquiry into the Human Mind on the Principles of Common Sense*, published in 1764, set the fashion of regarding the first book of Hume's *Treatise*, which Hume himself had intended his own *Enquiry* to supersede, as the primary source of Hume's philosophical views. Reid gave Hume credit for taking Locke's premisses to their logical conclusion. Since the result was patently absurd, it followed that something had gone wrong at the start. The principal error, as Reid saw it, was the adoption by Locke and his followers of the theory of ideas: the assumption that what is immediately perceived, whether it be called an idea, as by Locke, or a sensible quality, or, as Hume preferred, an impression, is something that has no existence apart from the perceptual situation in which it figures. If we reject this assumption, as indeed most philosophers now do, and follow common sense both in taking for granted the existence of persons to whom perceptual acts can be attributed, and in taking these persons to be directly acquainted through their senses with one and the same world of physical objects, which exist independently of being perceived, then Hume's scepticism may not have been met in every detail, but at least its most outrageous features will have been obliterated.

The same conception of Hume, as the sceptic who brought the empiricism of Locke and Berkeley to grief, appears over a century later in the work of the Oxford philosopher T. H. Green, who published an edition of the *Treatise* with a long introduction, the main purpose of which was to demolish the work that he was editing. His line of attack, however, had next to nothing in common with that of Thomas Reid. By this time, in spite of the rearguard action commanded by John Stuart Mill, the influence of Kant and Hegel was belatedly extending itself over British philosophy, increasingly to the detriment of common sense. Green was one of the leaders of this fashion, and his main objection to Hume was that he admitted no greater order into the world than what could be supplied by the mere association of ideas. Once again, Hume was held to be justified on the principles which he had inherited from Locke and Berkeley, and the moral drawn was that a new approach was needed. This had been appreciated by Kant, who, in his *Prolegomena*, gave Hume credit for interrupting his 'dogmatic slumber' and giving his 'investigations in the field of speculative philosophy quite a new direction'. At Oxford in the 1930s, and perhaps still to this day in some places, the canonical view of Hume, as advanced, for instance, by a former Master of Balliol, A. D. Lindsay, who churned out the introductions to the handy Everyman editions of required philosophical texts, was that, for all his errors and inconsistencies, which Green had relentlessly pinpointed, Hume had still performed a considerable service to philosophy. By showing on the one hand how an uncritical trust in reason had foundered in dogmatism, and on the other by reducing pure empiricism to absurdity, he had paved the way for Kant.

So far as I know, the first commentator to treat Hume neither as an appendage to Locke and Berkeley nor as a forerunner of Kant, but as a philosopher of original views which at least deserved serious consideration, was Professor Norman Kemp Smith, whose book *The Philosophy of David Hume: A Critical Study of its Origins and Central Doctrines* was published in 1941. Kemp Smith's book is very long, and not always very lucid, but it is sustained by careful and far-reaching scholarship and it has the merit of paying close attention to what Hume actually said. For example, he points out that if Hume's principal intention had been to liquidate the estates of Locke and Berkeley, he would have been unlikely to assert, as he does in the introduction to the *Treatise*, that 'In pretending . . . to explain the principles of human nature, we in effect propose a complete system of the sciences, built on a foundation almost entirely new, and the only one upon which they can stand with any security' (T, p. xvi). He remarks also that while Locke does figure in this introduction on the list of 'some late philosophers in England, who have begun to put the science of man on a new footing', the others whom Hume mentions, 'my Lord Shaftesbury, Dr Mandeville, Mr Hutcheson, Dr Butler' (T, p. xvii), are all of them moral philosophers. This accords with Kemp Smith's view that Hume's main concern was to assimilate natural to moral philosophy. In moral philosophy, Hume follows Francis Hutcheson in representing our moral judgements as founded on the operations of a sovereign 'moral sense'. In natural philosophy, comprising the study of the physical world, the sovereignty passes to what Kemp Smith calls our 'natural beliefs'. These are expressions of 'feeling', itself largely governed by habit or custom and not subordinate to reason, in any strict sense of the term. It is only in the limited field of what we now call purely formal questions that reason holds sway. In sum, Hume's celebrated

A

TREATISE

OF

Human Nature:

BEING

An ATTEMPT to introduce the experimental Method of Reasoning

INTO

MORAL SUBJECTS.

Rara temporum felicitas, ubi ſentire, quæ velis; & quæ ſentias, dicere licet. TACIT.

VOL. I.

OF THE

UNDERSTANDING.

LONDON:

Printed for JOHN NOON, at the *White-Hart*, near *Mercer's-Chapel*, in *Cheapſide*.

MDCCXXXIX.

7. Facsimile of the title-page of *A Treatise of Human Nature*. The quotation means 'Seldom are men blessed with times in which they may think what they like, and say what they think'.

dictum that 'Reason is, and ought only to be the slave of the passions, and can never pretend to any other office than to serve and obey them' (T 415) was intended, on this view, to apply not merely, as has commonly been assumed, to judgements of value but to all but the purely formal exercises of our understanding. We shall have to consider later how far Kemp Smith was justified in taking this overall view of Hume's philosophy.

One point which does emerge from a careful scrutiny of the texts is the extent of the gulf between Hume and Berkeley. Admittedly, Hume speaks of Berkeley in the *Treatise* as 'a great philosopher' (T 17), but this is primarily on account of Berkeley's theory of abstract ideas, according to which 'all general ideas are nothing but particular ones, annexed to a certain term, which gives them a more extensive signification, and makes them recall upon occasion other individuals, which are similar to them' (T 17). How far this theory deserves Hume's description of it as 'one of the greatest and most valuable discoveries that has been made in late years in the republic of letters' is another question which we shall have to consider. Hume is also at one with Berkeley in rejecting Locke's distinction between ideas of primary and secondary qualities, and in the *Enquiry*, having dismissed the opinion that 'the ideas of those primary qualities are attained by *Abstraction*' as one 'which, if we examine it closely, we shall find to be unintelligible, and even absurd' (E 154), he acknowledges his debt to Berkeley for this sceptical argument. He then goes on to say that 'most of the writings of that very ingenious author form the best lessons of scepticism, which are to be found either among the ancient or modern philosophers, Bayle not excepted' (E 155). This is a remarkable assessment of Berkeley, and made even more so by the fact, abundantly documented by Kemp Smith, that Pierre Bayle's sceptical *Dictionnaire historique et critique*, which came out in 1697, was a primary source for Hume's own scepticism. Hume was quite well aware that Berkeley would not have owned to being a sceptic. On the contrary, he bracketed sceptics with atheists and free thinkers as the adversaries whom his system was meant to frustrate. If, in spite of this, Hume maintains that all Berkeley's arguments are 'merely sceptical', his reason is 'that they admit of no answer and produce no conviction. Their only effect is to cause that momentary amazement and irresolution, which is the result of scepticism' (E 155).

Did Hume take the same view of his own arguments? The evidence, as we shall see, is conflicting, even in the famous last chapter of the first book of the *Treatise*, where Hume claims to have shown 'that the understanding, when it acts alone, and according to its most general principles, entirely subverts itself and leaves not the lowest degree of evidence in any proposition, either in philosophy or common life' (T 267–8). I shall be arguing that Hume here greatly exaggerates the sceptical import of his reasoning, but the point I now want to make is that he recoils from the conclusion 'that no refined or elaborate reasoning is ever to be received' (T 268). He does indeed remark that 'nature herself suffices' to cure him of his 'philosophical melancholy' and that he finds himself 'absolutely and necessarily determined to live, and talk, and act like other people in the common affairs of life' (T 269). Even so, this does not imply a rejection of philosophy. Towards the end of the chapter Hume still permits himself the 'hope to establish a system or set of opinions which if not true (for that, perhaps, is too much to be hoped for), might at least be satisfactory to the human mind, and might stand the test of the most critical examination' (T 272). And in the *Enquiry*, which we must not forget was meant to supersede the *Treatise*, the sceptical note is scarcely struck. Moreover, where it does appear, its use is positive. It serves as a weapon against superstition.

Neither is it true that Hume regarded all of Berkeley's arguments as admitting of no answer. He may have thought that there was no detectable flaw in Berkeley's disproof of the existence of matter, though even this is doubtful, but he surely believed that he had an answer to Berkeley's attempted proof of the existence of God. The answer emerges in the *Enquiry* from Hume's reply to Malebranche, who had responded to Descartes by becoming one of those who 'pretend that those objects which are commonly denominated *causes*, are in reality nothing but *occasions*; and that the true and direct principle of every effect is not any power or force in nature, but a volition of the Supreme Being, who wills that such particular objects should for ever be conjoined with each other' (E 70). Hume's comment on this excursion into fairyland, which applies equally to Berkeley, is that if we cannot penetrate the secrets of physical forces, we are 'equally ignorant of the manner or force by which a mind, even the supreme mind, operates either on itself or on body' (E 72). If we have no consciousness of this power in ourselves, we explain nothing by attributing it to a Supreme Being of which we have no idea 'but what we learn from reflection on our own faculties' (E 72). Hume also teases Berkeley by remarking that 'it argues surely more power in the Deity to delegate a certain degree of power to inferior creatures than to produce every thing by his own immediate volition' (E 71).

Hume's gift for irony matches that of his fellow historian Edward Gibbon, and like Gibbon he is most ready to display it when he writes about religion. Thus in his essay 'On the Immortality of the Soul', which we have seen that he refrained from publishing during his lifetime, he remarks that 'Nothing could set in a fuller light the infinite obligations which mankind have to Divine revelation; since we find, that no other medium could ascertain this great and important truth' (G 406). More straightforwardly, he concludes the chapter of the *Enquiry* in which he has shown that there cannot be any justification for a belief in miracles by asserting 'that the *Christian Religion* not only was at first attended with miracles, but even to this day cannot be believed by any reasonable person without one. Mere reason is insufficient to convince us of its veracity: And whoever is moved by *Faith* to assent to it, is conscious of a continued miracle in his own person, which subverts all the principles of his understanding and gives him a determination to believe what is most contrary to custom and experience (E 131).

Hume is consistently hostile to Christianity, both on intellectual and on moral grounds. Thus in his essay 'The Natural History of Religion', having conceded that 'the Roman Catholics are a very learned sect', he quotes with approval the verdict of 'Averroes, the famous Arabian', 'that of all religions, the most absurd and nonsensical is that, whose votaries eat, after having created, their deity' (G 343) and adds for his own part 'that there is no tenet in all paganism which would give so fair a scope to ridicule as that of the *real presence*; for it is so absurd, that it eludes the force of all argument' (G 343). Neither do the Calvinists fare any better. In their case Hume endorses the view of his friend, the Chevalier Ramsay, that their Jewish God 'is a most cruel, unjust, partial and fantastical being' (G 355). The proof of this proposition is given at some length and is taken to show that its adherents outdo the pagans in blasphemy. 'The grosser pagans contented themselves with divinizing lust, incest, and adultery; but the predestinarian doctors have divinized cruelty, wrath, fury, vengeance, and all the blackest vices' (G 356). This may be taken as a stricture only on the predestinarian doctors, but Hume had already argued in the *Enquiry* that since all human actions are determined, as much as any physical events, it follows that if they are traced back to a deity he must be 'the author of sin and moral turpitude', besides everything else. The Leibnizian idea that this is the best of all possible worlds, so that all the evil which it manifests is really a proof of God's goodness, seemed as preposterous to Hume as it did to Voltaire, though Hume lacked the temperament for writing a work of such savage irony as Voltaire's *Candide*.

In general, Hume is inclined to judge that believers in the unity of God, whether they have adopted a version of Christianity, or some other type of monotheism, have made an intellectual advance upon the polytheists who embraced religion in what he believes to have been its most primitive forms. On the other hand, the intolerance of the monotheists, continually resulting in active persecution of those who dissent from their religious views, has made them 'more pernicious to society' (G 338). Hume ascribes the origin of religious belief to men's ignorance of natural causes and to 'the incessant hopes and fears, which actuate the human mind' (G 315). For the satisfaction of these hopes and the allaying of these fears they looked to beings of a similar character to themselves but endowed with much greater powers. Their invention of these beings is explained by a 'universal tendency among mankind to conceive all beings like themselves, and to transfer to every object, those qualities, with which they are familiarly acquainted, and of which they are intimately conscious' (G 317). This tendency persists even when the beings rarely or never assume corporeal form, and their number is reduced to one.

Hume nowhere proclaims himself an atheist. On the contrary, in 'The Natural History of Religion' and elsewhere in his writings, he professes to accept the argument from design. 'The whole frame of nature', he writes, 'bespeaks an Intelligent Author; and no rational inquirer can, after serious reflection, suspend his belief a moment with regard to the primary principles of genuine Theism and Religion' (G 309). This remark is not patently insincere and I have to allow for my own prejudices in taking it to be ironical. The fact is, however, that in the superb *Dialogues concerning Natural Religion*, on which Hume worked intermittently during the last twenty-five years of his life, the strongest arguments, as we shall see, are put into the mouth of Philo, whose part in the dialogue is to rebut the argument from design, and I agree with Kemp Smith, to whom we own an excellent edition of the *Dialogues*, that Hume, without ever openly displaying his hand, intended the discerning reader to conclude that he adopted Philo's position. In my view, indeed, the discrediting not only of the more superstitious types of theism but of any form of religious belief was one of the principal aims of Hume's philosophy.

In reviewing the work of any of the famous seventeenth- or early eighteenth-century philosophers, one must always bear in mind that they did not draw the distinction, which has more recently arisen, between philosophy and the natural or social sciences. This is not to say that they took philosophy itself to be a special science, but rather that they regarded every form of scientific enquiry as philosophical. For them, the main division was that between natural philosophy, which concentrated on the physical world, and moral philosophy, which Hume called 'the science of human nature'. It had to be admitted that natural philosophy had advanced much the further of the two. The moral philosophers had nothing of comparable importance to set against the progress in our understanding of the physical operations of nature that began with the work of Copernicus, Kepler, and Galileo, and culminated in that of Boyle and Newton. Nevertheless there was a sense in which both Locke and Hume believed that moral philosophy was dominant. Their reason, as set out by Hume in his introduction to the *Treatise*, was that 'all the sciences have a relation, greater or less, to human nature and that, however wide any of them may seem to run from it, they still return back by one passage or another' (T, p. xv). There are sciences like those of logic, morals, criticism, and politics which have a closer connection with human nature than the others, but even mathematics and the physical sciences are dependent on man's cognitive powers. 'It is impossible', Hume says, 'to tell what changes and improvements we might make in these sciences were we thoroughly acquainted with the extent and force of human understanding, and could explain the nature of the ideas we employ and of the operations we perform in our reasonings' (T, p. xv).

Hume, as did Locke before him, sets himself to fulfil these needs. He had a qualified respect for Locke, whom he reproaches, rightly, for his excessively loose employment of the term 'idea', and also, not quite so fairly, for being betrayed by the schoolmen into mishandling the question of innate ideas, and allowing 'a like ambiguity and circumlocution' to run through 'his reasoning on . . . most other subjects' (E 22); but he shared Locke's belief that the experimental method in reasoning, to which they both attributed the achievements of Newton and his predecessors, were applicable to the moral sciences. It was, however, Locke who had the deeper understanding of Newtonian theory. They both agreed that it depended upon 'experience and observation' (T, p. xvi), but Locke noticed, as it would seem that Hume did not, that, in Newton's case, the dependence was indirect. He understood that Newton accounted for the behaviour of bodies in terms of the operations of their 'minute parts', which were not themselves observable; and it was his attempt to reconcile this fact with the restrictions which he laid upon the extent of our ideas, and our consequent capacity for knowledge, that led to much of the 'ambiguity and circumlocution' with which Hume reproaches him. Hume, on the other hand, speaks of Newton as though he did no more than practise straightforward induction. What Newton presumably meant by his disclaimer of hypotheses at the beginning of his *Principia* – the celebrated statement 'Hypotheses non fingo' ('I do not fashion hypotheses') – was that he advanced no propositions for which he lacked experimental evidence. What Hume apparently took him to have meant was that he abstained from any generalization that was not directly founded upon observed instances. This historical error has some bearing upon Hume's treatment of causation, a feature of his system to which he himself rightly attached the greatest importance, but I shall try to show that it does not seriously diminish the force of his argument. It has no bearing upon his attempt to develop a science of the mind, since all that is at issue here is his ability to give an accurate description of different states of consciousness, and, remaining on the terrain of everyday observation, to hit upon generalizations which they can reasonably be supposed to satisfy.

On the face of it at least, the method which both Locke and Hume pursued was very simple. They asked two questions. What are the materials with which the mind is furnished, and what uses can it make of them? Hume's answer to the first question is that the material consists of perceptions, which he divides into the two categories of impressions and ideas. In the anonymous *Abstract* in which he extols the virtues of the *Treatise* he speaks of the author as calling 'a *perception* whatever can be present to the mind, whether we employ our senses, or are actuated with passion, or exercise our thought and reflection' (T 647). He goes on to say that a perception is to be called an *impression* 'when we feel a passion or emotion of any kind, or have the images of external objects conveyed by our senses' (T 647). '*Impressions*', he adds, 'are our lively and our strong perceptions.' It is implied that the reason why *ideas* are comparatively fainter and weaker is that they come into being 'when we reflect on a passion or an object which is not present' (T 647).

Except for the reference to external objects, which constitutes, as we shall see, a serious problem for Hume, this account of what he means by impressions is very similar to that given in the *Treatise*. He introduces them there as those perceptions which enter into our consciousness 'with most force and violence', and adds that he comprehends under the name 'all our sensations, passions, and emotions, as they make their first appearance in the soul' (T 1). In the *Enquiry* he is content to say that what he means by the term *impression* is 'all our more lively perceptions, when we hear, or see, or feel, or love, or hate, or desire, or will' (E 18), but this definition is so compressed as to be misleading. The salient feature of impressions is not their force or vividness but their immediacy; this may in general have the effect of making them more lively than the images of memory or the creatures of fancy, which Hume included in the opposite camp of ideas, but the empirical evidence does not favour the assumption that this is always so.

Unlike Locke, Hume has no objection to saying that impressions are innate. He remarks that 'if by innate be meant, contemporary to our birth, the dispute seems to be frivolous; nor is it worth while to enquire at what time thinking begins' (E 22). In the *Enquiry*, where this passage occurs, he takes 'innate' to mean 'what is original or copied from no previous perception', and in the *Abstract*, what arises 'immediately from nature', and in both cases he concludes that all impressions are innate. This hardly seems true of our sense-impressions, according to the first definition, unless the word 'copied' is taken very narrowly. If we apply the second definition to them, we seem to have only a different way of making the point that they are the immediate contents of sense-perception. However, Hume's examples make it clear that he is concerned here chiefly with the passions. His contention is that such things as 'self-love, or the resentment of injuries, or the passion between the sexes' (E 22) are inherent in human nature.

There are passages in which Hume seems to imply that his distinction between impressions and ideas can be equated with that between feeling and thinking, but this does not mean that he is anticipating the distinction which Kant drew between intuitions and concepts. Not only do Hume's impressions enter the mind under concepts, but these concepts are guaranteed to apply to them. Hume's argument is that 'since all actions and sensations of the mind are known to us by consciousness, they must necessarily appear in every particular what they are, and be what they appear. Everything that enters the mind being in *reality* a perception, 'tis impossible that anything should to *feeling* appear different. This were to suppose, that even where we are most intimately conscious, we might be mistaken' (T 190). It is true that this statement appears in a context where Hume is concerned to deny that an impression could masquerade as an external object, but I think it sufficiently clear that he intends his assertion that 'all sensations are felt by the mind, such as they really are' to apply to our recognition of their qualities. Whether he is right on this point is an unresolved question. There is no doubt that we can honestly misdescribe our feelings, and the way things appear to us, but it can be argued that our mistakes are then purely verbal, that, as Bertrand Russell once put it, 'what I am believing is true, but my words are ill chosen'. The difficulty lies in there being cases where the line between factual and verbal error is not easily drawn. Fortunately, so far as Hume is concerned, the question can be left open. He is bound to hold that our estimates of the qualities of impressions run a relatively slight risk of error, but not that they are infallible. And indeed when it comes to our assessing the comparative proportions of spatially extended impressions, which he counts as complex, he admits the possibility of doubt and error. Our decisions as to whether they are 'greater, less, or equal' are 'sometimes infallible, but they are not always so' (T 47).

A more crucial element in Hume's account of impressions is his taking them all to be 'internal and perishing existences' (T 194). The arguments with which he supports this view are, as is frequently the case with Hume, a mixture of the logical and the experimental. The experiments which are supposed to 'convince us that our perceptions are not possessed of any independent existence' are those which typically figure in philosophical literature under the ill-chosen heading of 'the argument from illusion'. The opinion, for which there is factual evidence, 'that all our perceptions are dependent on our organs, and the disposition of our nerves and animal spirits . . . is confirm'd by the seeming encrease and diminution of objects, according to their distance; by the apparent alterations in their figure; by the changes in their colour and other qualities from our sickness and distempers; and by an infinite number of other experiments of the same kind' (T 211).

Quite apart from the question whether Hume is entitled, on his premisses, to draw in this way upon physics and physiology, the argument is plainly not conclusive against opponents like Reid who take the common-sense view that in the normal exercise of sense-perception we are immediately presented with physical objects. It is not conclusive, because their position need not commit them either to denying that our perceptions are causally dependent upon a number of factors besides the existence of the object perceived, or to maintaining that we always perceive things as they really are. I think, therefore, that

Hume would have done better to rely on his purely logical argument that it is self-contradictory to suppose that an entity which is defined as the content of a particular perception can lead a separate existence of its own. In short, impressions are made 'internal and fleeting' by fiat. In defiance of current fashion, I shall argue later that this, or at any rate something very like it, is a legitimate procedure, and that it can be made the basis of a tenable theory of perception.

For reasons which will soon become apparent, Hume's principal concern was with *ideas*, but the accounts which he gives of his use of the term *idea* are cursory and inadequate. In the *Treatise* he says that he means by *ideas* the 'faint images' of impressions 'in thinking and reasoning' (T 1). In the *Abstract* he says: 'When we reflect on a passion or an object which is not present, this perception is an *idea*. *Impressions*, therefore, are our lively and strong perceptions: *ideas* are the fainter and weaker' (T 647). Very much the same account is given in the *Enquiry*, except that the order of the explanations is reversed. The subject is introduced by the remark that 'we may divide all the perceptions of the mind into two classes or species, which are distinguished by their different degrees of force and vivacity' (E 18).

The reason why I said that these explanations are inadequate is not just that they carry the false assumption that the work of concepts, which is what ideas perform for Hume, is always carried out by images. It is rather that the emphasis is laid on the wrong factor. Let us consider, for the sake of argument, the case where the thought of some passion or sensation does take the form of an image. Now it may or may not be the case that the image is intrinsically less vivid than the passion or sensation was when it occurred. The point is that no degree of vividness or faintness can endow it with a reference beyond itself. To be an image of the passion or of the sensation, it has to be interpreted as a symbol; it has to give rise to a belief not in its own existence but in the existence of what it *represents*; and then the question of its own comparative intensity becomes irrelevant.

These points can be clearly illustrated by the example of memory. As it happens, Hume has very little to say about memory. He speaks of it as a faculty by which we repeat our impressions, though of course it is not possible, on his view, that any impression should literally be repeated, and says that what is reproduced in memory is something which, in respect of its vivacity, 'is somewhat betwixt an impression and an idea' (T 8). In general, he appears to take it for granted that memory is reliable, at least with respect to recent events. He puts the data of memory very much on a level with the immediate data of sense-perception, as sources of knowledge which serve as a basis for more venturesome inferences, and we shall see that it is with our right to make these more venturesome inferences that he is primarily concerned. What is of interest in the present context is the way in which Hume distinguishes between ideas of memory and ideas of the imagination. According to a fundamental principle of Hume's, which we shall presently examine, both must be derived from previous impressions, but whereas memory, so long as it is functioning properly, 'preserves the original form in which its objects were presented', as well as the order in which they originally occurred, the imagination, so long as it remains within the realm of past impressions, is free to arrange their counterparts in any order and combine them in any way it pleases, whether or not these combinations have actually occurred. There is, however, the difficulty, for the most part ignored by Hume, but mentioned once in passing, that we cannot return to our past impressions to discover where this difference obtains. Consequently, the only way we actually have of distinguishing memory from imagination 'lies in its superior force and vivacity' (T 85); the same terms as are used in the *Enquiry* to distinguish impressions from ideas. By comparison with the 'lively and strong' ideas of memory, the ideas of the imagination are 'faint and languid' (T 9).

This is clearly unacceptable. In the first place, it is perfectly possible to remember a past experience, say a conversation in which one took part, or one's feeling of disappointment when something went wrong, without the aid of any images at all. It is possible even to imagine that something is the case, and yet dispense with any actual image. Let us, however, consider only the cases where images do play a role. It is simply false that images that serve the imagination are always fainter and more languid than those that enter into memories. Indeed, Hume himself admits this in one of the sections of his Appendix to the *Treatise*, and has to take refuge in saying that even if a poetical fiction paints the livelier picture, still the ideas it presents 'are different to the *feeling* from those which arise from the memory and judgement' (T 631). But this is really to concede that the whole question of relative vividness is beside the point. The distinctive feature of memory, whether it is served by images or not, is that it exhibits one's belief in something which one has learned: in the sense with which Hume is concerned, the belief is a belief in the occurrence of some past experience. The distinctive feature of the imagination, except in the sense in which to say that something is imaginary is to imply that it does not exist, is that it is neutral with regard to the existence of the states of affairs which it represents. Hume was right in so far as there is only a difference of 'tone' between one's memory of a past experience and one's imaginative reconstruction of an experience which one truly believes to have occurred, but he was mistaken if he took this to be the only or even the main point at issue.

I use the conditional because it is not clear that he always did so. Hume was not a consistent writer and in the Appendix to the *Treatise*, in a note on the section entitled 'Of the Nature of the Idea, or Belief', he says that in giving a philosophical account of belief 'we can do no more than assert, that it is something *felt* by the mind, which distinguishes the ideas of the judgement from the fictions of the imagination' (T 629). It is true that he does not explicitly include memories among the ideas of the judgement, but this can be put down to the context; and it is also true that he goes on to speak of the ideas to which we assent as being 'more strong, firm and vivid' than our reveries. But now it looks as if words like 'vivid' are being used in a technical sense which implies that the ideas which they qualify command assent.

The trouble was that Hume lacked an adequate theory of meaning and reference. Towards the end of his Appendix to the *Treatise* he admits to being dissatisfied with his treatment of belief. Since he associates belief primarily with inference, and assumes that all inferences must ultimately be based on some impression, he begins by defining belief as 'a lively idea related to or associated with a present impression' (T 96), but here again the word 'lively' is out of place unless it is simply cover for some such expression as 'assented to'. Hume did indeed make the valid point that belief cannot be a further idea, tacked on to the idea which gives the belief its content; for, as we should now put it, what a sentence is used to state remains the same, whether it is believed or not. Neither, Hume argues, can it be an impression, because it attaches to conclusions which consist only of ideas. He sometimes calls it a sentiment, without making it clear what he takes a sentiment to be if it is neither an impression nor an idea. In the end, he is reduced to saying in the *Enquiry* 'that belief consists not in the peculiar nature or order of ideas, but in the manner of their conception, and in their feeling to the mind' (E 49). This is scarcely illuminating, but in fairness to Hume it can be said that the problem of giving an analysis of belief which is neither trivial nor circular still awaits solution. Recent attempts to analyse it in terms of propensities to action have not, to my mind, been successful.

It might be thought that a theory of reference was contained in Hume's treatment of abstract ideas, but here, more than anywhere else, he is handicapped by his false assumption that the use of a concept consists in the framing of an image. This leads him to expend unnecessary labour in proving that images have determinate qualities, a proposition which he does not clearly distinguish from the proposition, for which he also argues, that images represent particular individuals which themselves have determinate qualities. I am not sure that the first of these propositions is true, but even if they are both true they are irrelevant, since the use of a general term need not be accompanied either by an image or by the thought of any particular individual. Hume is, indeed, right in welcoming Berkeley's 'discovery' that terms are made general not by their standing for an abstract entity, but by their use, but he has nothing more informative to say about their use than that 'individuals are collected together and placed under a general term with a view to that resemblance which they bear to each other' (T 23).

I referred earlier to a fundamental principle of Hume's concerning the derivation of ideas. This principle, as originally stated in the *Treatise*, is '*That all our simple ideas in their first appearance are derived from simple impressions, which are correspondent to them, and which they exactly represent*' (T 4). The extreme importance of this principle for Hume is that it provides him with a criterion of the legitimacy of ideas or concepts. As he puts it in the *Enquiry*, 'When we entertain any suspicion that a philosophical term is employed without any meaning or idea (as is but too frequent) we need but enquire, *from what impression is that supposed to be derived*?' (E 22).

Hume treats this as an empirical generalization, to which, strangely enough, he at once suggests a counter-example. He envisages a case in which a man has been acquainted with various shades of colour, but has missed out one of them, and suggests, quite correctly, that the man could form an idea of the missing shade as being intermediate in hue between two of the others. Having devised this counter-example, Hume wantonly dismisses it, saying that it is too 'particular and singular' to oblige him to give up his general maxim; and indeed he continues to treat his maxim as though it held universally. He could have avoided this affront to logic if he had modified his principle so as to make it apply not to the origin but to the realization of ideas. It would then require of an idea that it be capable of being satisfied by some impression. This principle can, I think, be defended if the word 'satisfied' is construed generously, so as to allow an idea to be satisfied if it enters into a theory which can be confirmed, at least indirectly, in sense-experience. This would, however, take us rather far from Hume. A modification which he might have accepted is that ideas must be capable of being instantiated by impressions, but this, though it accommodates his counter-example, is still too restrictive. In practice, Hume accepts such ideas as can be instantiated by bodies, which are themselves developed out of impressions by certain activities of the imagination. We shall be discussing the question how far this practice is at variance with his official theory.

Having fixed his attention on ideas, Hume proceeds to review the ways in which they are associated. In the *Treatise* he distinguishes seven different kinds of philosophical relation, which he divides into two groups according to whether they can or cannot be 'the objects of knowledge and certainty'. The four that can attain this mark, because they depend solely upon the intrinsic properties of ideas, are *resemblance*, *contrariety*, *degrees in quality*, and *proportions in quantity or number*. The remaining three are *identity*, *relations of time and place*, and *causation*. Hume's reason for placing *identity* in the second group is that objects which are perfectly resemblant may still be numerically different if they do not coincide in both space and time. This confirms, what was already clear, that Hume's so-called relations between ideas are not merely such, but also extend to relations between the objects which fall under the ideas. Indeed, of all the relations which he lists, perhaps only that of *contrariety is* purely conceptual.

This division between relations prefigures the second of Hume's fundamental principles, which is that 'All the objects of human reason or enquiry may naturally be divided into two kinds, to wit, *Relations of Ideas*, and *Matters of Fact*' (E 25). In this proposition, which is taken from the *Enquiry*, affirmations concerning relations of ideas are treated as being purely conceptual, and consequently as being 'either intuitively or demonstratively certain'. They include the sciences of geometry, algebra, and arithmetic. Hume has next to nothing to say about them, his own interest lying in our beliefs about matters of fact. This leads him, in the *Enquiry*, to reduce his list of relations to three, 'namely *Resemblance*, *Contiguity* in time and place, and *Cause and Effect*' (E 24). The first two are merely principles of association. The important relation is that of *Cause and Effect*, on which, as Hume puts it, all reasonings concerning matters of fact seem to be founded.

It is this relation, then, that Hume sets out to explore. It must, however, be noted that when he does explore it, in the domain of natural philosophy, he takes it as holding not between fleeting impressions but between enduring objects. This is shown by his examples, and indeed it is only if it is taken in this way that his analysis of causation can appear at all plausible. Equally, when it comes to moral philosophy, he relies on the existence of persistent selves. We must, therefore, begin by showing how he can arrive at these conceptions without too flagrant a display of inconsistency.

Chapter 3
Bodies and Selves

Whatever scepticism Hume may have professed, there is no doubt that he believed in the existence of what may be called the physical objects of common sense. Even if we assume that he left his philosophical self behind, as he in fact did not, when he wrote his volumes of history and his political essays, and, as he says he did, when he played backgammon and was merry with his friends, there is abundant evidence of such a belief in his philosophical writings themselves. He shows interest in the passions and emotions, which he enlists under the heading of 'secondary impressions', because they have a part to play in his moral theory, but neither in the first book of the *Treatise*, nor in the *Enquiry concerning Human Understanding*, does he pay very much attention to the original impressions of sense. He makes a number of remarks about them in general, referring, as we have seen, to the force and liveliness with which they are supposed to strike upon the mind, or to their being 'internal and perishing existences', but he has little to say about them in detail. When he adduces examples of matters of fact, he refers not to colours and shapes, but to the death of Caesar in the Senate-house at Rome, to the properties of mercury and gold, to the muscles and nerves of human bodies, to the sun and the planets, to flowers and trees, to the impact of billiard balls upon one another. It is on the constant conjunction of objects of this sort that, as we shall see, his analysis of causation depends. It would have been no use his applying his theory to impressions, as he must have done if he had really believed that there was nothing else available, for the very good reason that our actual impressions do not display the requisite regularity. To take a simple example, it may well be the case that roses planted in the spring habitually flower in the summer, but this is not to say that an impression of seeing a rose planted is habitually followed by an impression of seeing it come into flower. One may not be there at the later date, and even if one is there, one's attention may be otherwise occupied.

Let it be allowed, then, that Hume believed, and for his own philosophical purposes needed to believe, in the existence of bodies. In fact, at the beginning of the section of the *Treatise* entitled 'Of Scepticism with regard to the Senses', which supplies the main source for attributing to him a 'theory of the external world', he himself makes the cryptic statement 'We may well ask, *What causes induce us to believe in the existence of body?* but 'tis vain to ask, *Whether there be body or not?* That is a point, which we must take for granted in all our reasonings' (T 187). Even so a number of questions remain to be answered. We have seen that the bodies the existence of which Hume took for granted were such things as houses and books and trees and the bodies of animals and human beings, including their inner organs. How did he conceive of them? Like Locke, as the external causes of sensory impressions? Like Berkeley, as congeries of sensible qualities? Or after some fashion of his own? He has an answer for the causal question how we come to believe in the existence of body, but what does he mean by saying that it is vain to ask whether there be body or not? The most obvious interpretation to give to this statement would be that our belief in the existence of body is unquestionably true. Yet the upshot of Hume's investigation of the causes of this belief is that, whether it be considered in its vulgar or in what he calls its 'philosophical' form, it is not only not true but thoroughly confused. Admittedly, he does not expect this conclusion to carry any lasting conviction. 'Carelessness and in-attention', he said, 'alone can afford us any remedy. For this reason I rely entirely upon them: and take it for granted, whatever may be the reader's opinion at this present moment, that an hour hence he will be persuaded there is both an external and internal world' (T 218). Should we take this as confirming Kemp Smith's view that Hume intended our 'natural beliefs' to triumph over our understanding? But in what exactly were these natural beliefs supposed to consist?

Once more, the evidence is conflicting. There are passages which seem to imply that when Hume speaks of 'external' objects, he conceives of them, in Locke's way, as relatively enduring causes of our 'internal and fleeting' sense-impressions. For instance, we have already seen that, in the course of defining impressions in the *Abstract*, he speaks of our having images of external objects conveyed by our senses. Again, in the *Treatise*, at the beginning of the Book 'Of the Passions', where he makes his distinction between original and secondary impressions, he speaks of original impressions as 'Such as without any antecedent perception arise in the Soul, from the constitution of the body, from the animal spirits, or from the application of objects to the external organs' (T 276). In the chapter which he devotes to our ideas of space and time, in the first book of the *Treatise*, he says that 'we can never pretend to know body otherwise than by those external properties, which discover themselves to the senses' (T 64), and the implication that bodies have other properties, which lie beyond our knowledge, is confirmed by a note on the chapter, in one of the *Appendices*, where he speaks of the real nature of the position of bodies, which might or might not allow for a vacuum, as being unknown (T 639). He takes this to be implied by the 'Newtonian philosophy' which for the most part he does not contest. On the other hand, in the one place in which he examines its foundations, he does very firmly contest it; and he also implies that it is not what the carelessness and inattention of his reader will allow him to accept.

As is so often the case with Hume, the *Enquiry* summarizes with greater elegance and clarity a position for which the arguments are developed in the *Treatise*. In this instance, we are told that

> It seems evident, that men are carried, by a natural instinct or prepossession, to repose faith in their senses; and that, without any reasoning, or even almost before the use of reason, we always suppose an external universe, which depends not on our perception, but would exist, though we and every sensible creature were absent or annihilated.
>
> (E 151)

Hume goes on to ascribe this belief even to 'the animal creation'. He then adds:

> It seems also evident, that, when men follow this blind and powerful instinct of nature, they always suppose the very images, presented by the senses, to be the external objects, and never entertain any suspicion, that the one are nothing but representations of the other. This very table, which we see white, and which we feel hard, is believed to exist, independent of our perception, and to be something external to our mind which perceives it. Our presence bestows not being on it: our absence does not annihilate it. It preserves its existence uniform and entire, independent of the situation of intelligent beings, who perceive or contemplate it.
>
> (E 151–2)

Unfortunately, in Hume's view, 'this universal and primary opinion of all men' does not withstand critical examination. It succumbs to 'the slightest philosophy' with the result that 'no man, who reflects, ever doubted that the existences, which we consider, when we say, *this house* and *that tree*, are nothing but perceptions in the mind, and fleeting copies or representations of other existences, which remain uniform and independent' (E 152). This would be all very well if we had any good reason to believe in the existence of these independent objects, but Hume maintains that we have not. The supposition that our perceptions are connected with external objects can evidently not be founded in experience and is also, Hume says, 'without any foundation in reasoning' (E 153). This leaves the sceptic in command of the field. Hume is not happy with this result, but does not look for any way of contesting it, such as searching for some flaw in the argument. What he does instead is simply to shrug it aside. We set the extreme sceptic at defiance by asking what purpose he thinks that his activity serves. He 'cannot expect, that his philosophy will have any constant influence on the mind: or if it had, that its influence would be beneficial to society' (E 160). On the contrary, it would be very harmful, since the inaction to which it would lead would put an end to men's existence. But 'Nature is too strong for principle'. The sceptic will be brought to confess that 'all his objections are mere amusement, and can have no other tendency than to show the whimsical condition of mankind, who must act and reason and believe' (E 160). Remarks of this sort do, indeed, lend support to Kemp Smith's theory that Hume was concerned to show that reason ought to give way to our natural beliefs, but I do not see them as establishing it decisively. If this had been Hume's intention, I do not think that he would have concluded the section on a sceptical note, stressing our inability to justify the assumptions on which we act or to remove the objections which may be raised against them. Neither does he explicitly assert that our natural beliefs are true.

There is, however, an important point on which I agree with Kemp Smith; and that is that it is possible to elicit from Hume's line of reasoning a theory of perception which does not dissolve into scepticism. It will mean parting company with Hume at one or two places, but the divergences will not be so great as to prevent our arriving at a fair accommodation. They will consist for the most part in a re-evaluation rather than a rejection of his arguments. I shall try to show presently how I think that this can be done, but first I want to retrace the course that he actually pursues in the relevant sections of the *Treatise*, of which the most important for our present purpose is that 'Of Scepticism with regard to the Senses'.

The main questions which Hume sets out to answer in this section are 'Why we attribute a *continu'd* existence to objects even when they are not present to the senses; and why we suppose them to have an existence *distinct* from the mind and perception?' (T 188). He treats these questions as interdependent, in the sense that to answer either one of them would be to answer the other. He is right to the extent that if objects did have a continued existence, as he defines it, they would also have a distinct existence, but the converse need not hold. It might be and indeed has been maintained, for example by Bertrand Russell in *The Problems of Philosophy* and elsewhere, that the objects which are immediately present to the senses are distinct from the mind and yet have only a momentary existence, because of their causal dependence on the bodily state of the percipient.

On this point I side with Hume, with one important reservation. As we have noted earlier, Hume, while mainly relying on empirical arguments, including the reference to causal factors, shows some inclination to make it a truth of logic that sense-impressions are inseparable from the perceptual situations in which they occur. I remarked that the empirical arguments are not conclusive, though, as we shall see, they do present an obstacle to the currently bland acceptance of a position like Reid's, and I suggested that Hume should have been content to stand on his logical principle. My reservation is that this does not commit him to defining impressions from the outset as being dependent on the mind. In fact such a definition would be inconsistent with his own view, which we have yet to examine, that the self is nothing but a bundle of logically independent perceptions, from which he infers that a perception could exist apart from anything else. This is not, however, the point that I wish to stress, since he does not maintain that any perceptions actually do so. My point is rather that if impressions are to be taken as primitive in the order of knowledge, they cannot be accorded an initial dependence on either mind or body. At this stage neither minds nor bodies enter into the picture.

But is Hume entitled to take impressions as primitive? I maintain that he is, for the two following reasons. First, it is evident that one's ground for accepting any proposition concerning what Hume calls a matter of fact must finally depend on the truth of some judgement of perception. Secondly, it is easy to show that our ordinary judgements of perception assert more than is vouchsafed by the sense-experiences from which they issue. Though one is not normally conscious of making any inferences when one ventures on such a simple perceptual judgement as 'This is an ashtray' or 'That is a pencil', there is a sense in which they do embody inferences. But then these inferences must have some foundation. There must, in Bertrand Russell's terminology, be 'hard data' on which they are based. And Hume's impressions are simply these hard data, called by another name.

The second step in this argument has been contested, but to see that it is valid one needs only to be reminded of the very wide range of assumptions which our ordinary judgements of perception carry. For a start, there are the assumptions involved in characterizing anything as a physical object of an observable kind. It has to be accessible to more than one sense and to any suitably equipped observer. It has to be capable of existing unperceived. It has to occupy a position or series of positions in three-dimensional space and to persist throughout some period of time. Neither are we normally committed only to these general assumptions. It is seldom that we are content to make so weak a claim as that we are perceiving a physical object of some sort or other. In the normal way, we identify it more specifically as an ashtray or a pencil or a table or whatever, and thereby commit ourselves to a set of further assumptions. These may relate to the object's origins, as when we claim to perceive some living thing, or to its physical constitution. In referring to an artefact, like a pencil, we make an assumption about its causal powers. Very often our description of an object which we claim to see or touch carries implications about its possible effects on the other senses, about the sound or taste or smell which we accord it the power to produce.

But now it is surely obvious that this whole wealth of theory cannot be extracted from any single occasion of sense-experience. I see what I do not hesitate to identify as a reading lamp on the table in front of me, but there is nothing in the visual pattern, considered on its own, from which to deduce that the object is tangible, that if any other observer were present he also would see it, that it will remain unperceived, most probably in the same position, that it is partly made of brass, that there is a socket for an electric bulb under its shade, and that this bulb can be made a source of light. What is present to my senses, so far as the lamp is concerned, is just a visual pattern, and all the rest is inference. This does not mean that I speak falsely when I say that I see the lamp or even that I am misusing the verb 'to see'. No doubt the assumptions which I am tacitly making are true in this instance, and it is common practice in the employment of perceptual verbs to take as their accusatives, not what I have called hard data, that is to say the actual contents of the sensory experiences in question, but the objects to the presence of which the hard data serve as sensory clues. But to overlook the hard data is not to abolish them, and the inferences are not removed by being unacknowledged. The common run of contemporary philosophers who are content to take the perception of physical objects as their starting point need not be in error, since no one is obliged to embark on an analysis of perception. They fall into error only when they maintain, or imply, that no such analysis is possible.

The standard objection to the adoption of Hume's starting point is that it imprisons the subject in a private world, from which he cannot ever escape. This objection would be serious if it were valid, but it is not valid. There is nothing private about the description of sensory patterns. It can be understood by anyone who has the requisite experiences. It is true that the patterns are made concrete by their occurrence in a particular sense-field at a particular time, and that this sense-field will in fact figure in the experience of only one person. It is equally true that a person's act of perceiving some physical object at a particular time is his and not anybody else's. The crucial point is that no reference to their ownership enters into the definition of impressions. As primitive elements, they are neutral in this and every other respect, except that of their intrinsic character. It remains to be seen whether we can find a passable route from them to physical objects, and whether we can then find a means of making a distinction between these physical objects and our perceptions of them. It may turn out in one case or the other that we shall come upon insurmountable obstacles, but this is certainly not a question that can be prejudged at the start.

For Hume the obstacles come very early. We have already seen that he takes it to be certain 'that almost all mankind, and even philosophers themselves, for the greatest part of their lives, take their perceptions to be their only objects, and suppose that the very being, which is intimately present to the mind, is the real body or material existence' (T 206). They must, however, be mistaken, since it is characteristic of what he here calls real bodies that they have a continued and distinct existence, whereas perceptions are 'dependent and fleeting'. Thus they are guilty of the contradiction of supposing that one and the same object both does and does not persist through time.

Before examining Hume's account of the way in which we are seduced into this error, it is worth remarking that, on his own showing, the contradiction is not so flagrant as it may at first sight appear. We have seen that he includes identity in his list of philosophical relations, but it now turns out to be a relation that no perception satisfies. This conclusion emerges from Hume's treatment of the question how we can come by the idea of identity. It cannot, he argues, be conveyed by one object, since the proposition 'an object is the same with itself' would be meaningless 'if the idea expressed by the word, *object*, were in no way distinguish'd from that meant by *itself*' (T 200). The idea which a single object conveys is not that of identity but that of unity. But if a single object cannot convey the idea of identity, it is even more obvious that a multiplicity of different objects cannot. Where then can the idea of identity come from? In what can it possibly consist?

Hume's answer to these questions is that the idea of identity is the product of a mistake into which we naturally fall when we think about time. He has previously argued that 'time, in a strict sense, implies succession, and that when we apply its idea to any unchangeable object, 'tis only by a fiction of the imagination, by which the unchangeable object is suppos'd to participate of the changes of the co-existent objects, and in particular of that of our perceptions' (T 200–1). We are, however, firmly addicted to this play of the imagination, which enables us to keep the idea of an object poised, as it were, between those of unity and number. So when we attribute identity to an object, what we must mean is 'that the object existent at one time is the same with itself existent at another' (T 201). Provided that they occurred in constantly changing circumstances, this could be true of at least some of our perceptions, if they themselves persisted unchanged. The trouble is that they do not.

How then do we come to think that they do? Hume's explanation, in his own words, is

> that all those objects, to which we attribute a continu'd existence have a peculiar constancy, which distinguishes them from the impressions, whose existence depends upon our perception. Those mountains, and houses, and trees, which lie at present under my eye, have always appear'd to me in the same order: and when I lose sight of them by shutting my eyes or turning my head, I soon after find them return upon me without the least alteration. My bed and table, my books and papers present themselves in the same uniform manner and change not

> upon account of any interruption in my seeing or perceiving them. This is the case with all the impressions, whose objects are suppos'd to have an external existence; and is the case with no other impressions, whether gentle or violent, voluntary or involuntary.
>
> (T 194–5)

What this comes to is that the close resemblance between successive impressions and, what is equally important, their standing in apparently constant spatial relations to the members of series which exhibit the same internal resemblances, leads us to identify them with one another, and to ignore the interruptions which in fact occur between them. The result is that they are replaced in our imagination by a persistent thing, indifferently referred to by Hume as an object or a perception, which we conceive of as existing when it is not being perceived. Since Hume has shown some inclination, as we have seen, to make it a logical truth that impressions are internal and fleeting, it is something of a surprise to find him saying that 'the supposition of the continu'd existence of sensible objects or perceptions involves no contradiction' (T 208). His reason is not only that 'every perception is distinguishable from another, and may be considered as separately existent', with the consequence that 'there is no absurdity in separating any particular perception from the mind' (T 209). He also concedes that 'the same continu'd and uninterrupted Being may be sometimes present to the mind, and sometimes absent from it, without any real or essential change in the Being itself' (T 207). I think that this concession is genuine, and not just a description of the reach of our imagination, though I shall presently try to show that he did not need to make it in this particular form. There is a way in which he could have obtained what it gives him, while still making the denial of a continued existence to any actual impression a matter of logic rather than empirical fact. As it is, he holds it to be simply false that any perception continues unperceived, and consequently false that interrupted perceptions can be identical. His ground for this conclusion lies in his acceptance of the dubious argument from illusion. He reasons correctly that if perceptions had a continued existence they would also have a distinct existence, but then argues that a distinct existence is denied to them by experience. As given to sense, motion and solidity, colours, sounds, heat and cold, pain and pleasure are all on the same footing. They are 'nothing but perceptions arising from the particular configurations and motions of the parts of body' (T 192–3).

Hume accords the phenomenon of constancy the primary role in causing the imagination to transform impressions into enduring objects, but he does not think it sufficient on its own. It is aided in its work by what he calls coherence, of which he gives two examples. The first example is that of his returning to his room after an hour's absence to find that his fire is burning less brightly. Since he has frequently witnessed the process of his fire's dying down, his imagination fills the gap. The second example is more complex. It is that of a porter bringing him a letter from a friend two hundred leagues away. He hears the noise of the door turning on its hinges but does not see it. He does not see the porter climbing the stairs. Neither on this occasion has he observed the action of the post and ferries which brought the letter to him. Nevertheless he has come, through past experience, to associate the creaking of the door with the sight of its opening; he has learned that porters do not appear in his room without having climbed the stairs to get there; experience has taught him that letters do not arrive from distant places without being conveyed by observable means of transport. So once again his imagination fills in the gaps. It is, however, to be noted that his imagination is here given far more work to do than in the previous example. It is no longer just a matter of its supplying the missing counterparts to the members of previous resemblant series. There may very well not have been any such series; for example, it is not very likely that Hume had ever actually witnessed the continuous movement of a letter over a distance of two hundred leagues. In this instance his imagination has not only extended the principle of constancy so as to supply itself with a sufficient stock of ordinary objects. It has also imposed, as Hume himself admits, a greater degree of coherence in their operation than has actually occurred in his past experience. What makes this procedure legitimate is its explanatory force.

Even so, Hume maintains that our imagination is deceiving us. The fact is that our percepts do not have a continued and distinct existence and that is that. Philosophers try to get over the difficulty by drawing a distinction between perceptions and objects, allowing the perceptions to be 'interrupted and perishing', and attributing to the objects 'a continued existence and identity'. But this 'new system' is a fraud. 'It contains all the difficulties of the vulgar system, with some others, that are peculiar to itself' (T 211). In the first place, it owes its appeal to the imagination entirely to the vulgar system. 'Were we fully convinced that our resembling perceptions are continu'd, and identical, and independent, we shou'd never run into this opinion of a double existence' (T 2 15), for it would then serve no purpose. Neither should we adopt it if we were fully convinced that our perceptions were dependent and interrupted, for our search for something to which to ascribe a continued existence would then lack any motive. It is the vacillation of our minds between two contrary hypotheses that leads philosophers to accept them both while trying to disguise the contradiction. Secondly, this hypothesis finds no support in reason, for we can have no rational ground for correlating our perceptions with objects which *ex hypothesi* are never themselves experienced. What the philosophers who engage in this fraud are really doing is to invent a second set of perceptions to which they attribute the continued and distinct existence which they would be attributing to our actual perceptions if their reason did not forbid it. In short, the philosophical system is 'loaded with this absurdity, that it at once denies and establishes the vulgar supposition' (T 218).

I am going to argue that Hume does less than justice to the

philosophical system. It is untenable as it stands, but it does point the way to a solution of his difficulties. He is, however, justified in his onslaught on the Lockean version of it, which was presumably his actual target. Whatever distinction we end by drawing between things as they really are, and things as they appear to us, it cannot legitimately take the form of a multiplication of 'worlds'. Physical objects cannot enter the scene merely as the imperceptible causes of what one perceives, and if they could so enter it there would be no warrant for endowing them with any resemblance to their perceptible effects.

How then do we come by a warranted belief in the existence of physical objects having the perceptible properties with which we normally credit them? I suggest that Hume himself supplies the best answer. The phenomena of constancy and coherence, which he invokes to explain how we fall into the illusion of supposing our perceptions to have a continued and distinct existence, can be regarded instead as affording an adequate basis for an imaginative transformation of sense-impressions, or percepts, as, following Russell, I prefer to call them, into the constituents of the physical world of common sense. The only serious error that Hume made was to assume that the resulting objects were fictions. What there is depends in part on what our theories allow there to be, and the theory which can be developed out of percepts, on Hume's principles, contains acceptable criteria of existence. There is no reason, therefore, for denying that the objects which satisfy these criteria do in fact exist.

So far as I know, the first philosopher to make a serious attempt to legitimize the vulgar belief in physical objects, by the development of Hume's notions of constancy and coherence, was H. H. Price, whose book *Hume's Theory of the External World* was published in 1940. It is a characteristically thorough and ingenious work, which has not received the attention that it merits. Price borrows from Russell the term 'sensibilia' to refer to impressions which may not be actually sensed, and shows in convincing detail how the occurrence of gaps at different places in the various series of impressions that we take as emanating from the same physical object can sustain the conception of unsensed sensibilia as filling in these gaps. He does not think that Hume would have attached any meaning to the statement that these unsensed sensibilia really existed, but he does think that Hume could consistently have adopted either the theory that when we refer to some physical object we are asserting that our actual impressions are such as they would be if the appropriate sensibilia existed, or the more pragmatic theory that statements about physical objects have no truth-value, but are to be construed as more or less successful recipes for explaining and predicting the occurrence of actual impressions. I think that a more realistic theory would be preferable to either of these alternatives, though it may be that Price's suggestions preserve a closer fidelity to Hume. My main objection to Price's argument is that it represents physical objects as what he calls 'families' of sensibilia, in a sense which allows for a family, the various members of which have conflicting properties, to occupy, or be as if it occupied, a particular place at a particular time. He tries to avoid the contradiction by relativizing properties to points of view, so that a sensibilium which is elliptical from one point of view may be spatio-temporally coincident with a sensibilium, or an actual impression, which is round from a different point of view, but this is a desperate device and it may not even be coherent.

I think that we can arrive at a simpler as well as a more realistic theory if we take advantage of the fact that visual and tactual impressions occur in sense-fields which are spatially extended and sensibly overlap in time. In other words, our hard data include not only individualized patterns but the spatial and temporal relations which they bear to one another. This is a feature of our experience to which Hume pays surprisingly little attention. He does, indeed, devote five of the six sections which compose Part II of the first Book of the *Treatise* to the topic of space and time, but they are mainly concerned with conceptual difficulties which he might more profitably have left to the mathematicians, had he been already disposed to consign geometry to them, and to maintain the sharp distinction which he was to draw in the *Enquiry* between questions concerning relations of ideas and those concerning matters of fact. As it is, he insists on too simple a derivation of mathematical concepts from sensory impressions and is consequently driven to repudiate the notion of infinite divisibility. He argues, instead, that the idea and therefore the impression of any finite extension must be compound, consisting of the juxtaposition of a finite number of mathematical points. These points are concrete objects, being either coloured or tangible, according as they are susceptible to sight or touch. They are *minima sensibilia*, not in virtue of being the smallest objects that we are capable of sensing, since the invention of more powerful microscopes might show that an impression which we had thought to be simple was really compound, but in virtue of the fact that they have no parts. From this Hume infers that every visual or tactual sense-field is a plenum, since we can have no idea of a spatial interval between two impressions except as something compounded out of these coloured, or tangible, indivisible points. What is true of space applies equally to time, with the same terms in each case and the substitution of immediate succession for temporary adjacency. Among other obvious difficulties, Hume's theory clearly falls foul of Zeno's paradoxes, but the theory of mathematical continuity was not properly developed until the nineteenth century, and Hume's troubles partly arose from his inability to see how an infinite number of parts could constitute anything less than an infinite whole. Even so it is strange that the only spatio-temporal relation which he was willing to acknowledge as given to sense was that of contiguity, for this is to impose a restriction upon our sense-experience to which it simply does not conform.

The spatio-temporal continuity which actually characterizes most of our sense-experience, and in particular the sequence of our visual sense-fields, sustains the projection of spatial and temporal relations beyond the limits in which they are originally given. In this way successive sense-fields can come to be regarded as spatially adjacent. Then the facts which Hume summarizes under his headings of constancy and coherence, the appearance of similar impressions in similar sensory surroundings, make it natural, as he remarked, for the observer to adopt a new measure of identity, according to which these corresponding impressions are not merely similar but identical. Our only difference from Hume at this point is that he represents the observer not as adopting a new measure of identity but as making an error of fact. In the same way, Hume's account of the process by which the fact that impressions are systematically 'recoverable' leads to their being thought of as persisting unsensed should be taken, I suggest, not as the explanation of another error, but as a ground for extending the concept of identity. It is, on this view, an entirely legitimate exercise of the imagination that visual impressions, which appear successively, should be conceived to exist simultaneously and to occupy permanent positions in an indefinitely extended three-dimensional visual space.

At this point, however, we need to go a little beyond Hume. The actual impressions, which we assign to the same object, are not, as he wrongly says, exactly resemblant. Even if we make no allowance, as yet, for changes in the object, there will be variations resulting from changes in the state or position of the observer. What we must, therefore, imagine as persisting is not any actual impression but what I have called elsewhere (in *The Central Questions of Philosophy*) a 'standardized percept'. This is a synthesis of what Price calls nuclear sensibilia, that is, such as are obtainable from optimal points of view. It serves as a model which actual impressions match more or less closely. These standardized percepts may also be described as visual continuants. They can be regarded as undergoing qualitative changes when, under a variety of conditions, the pattern appears to vary in one or more aspects, while the remainder stay constant in a predominantly constant sensory environment.

I can here only summarize the successive stages through which the theory may now be supposed to pass. First, places are conceived in detachment from their occupants, which allows for the possibility of movement. Then, for a variety of reasons, a set of visual continuants is picked out as forming what we may call the 'central body', a term borrowed from the great American pragmatist C. S. Peirce. This is, of course, the observer's own body, though not yet characterized as such. Tactual space is constructed on much the same principle as visual space and grounds are discovered for attributing tactual qualities to visual continuants. Sounds and smells and tastes are brought into the picture by their being traced to their apparent sources. The observer begins to make some simple causal correlations, which provide him with an outline of the way things are. Most of his impressions fit into this scheme but some do not. Self-consciousness arises with the identification of other visuo-tactual continuants as resembling the central body in being the sources of signs. Most of these signs can be interpreted as corroborating the main body of the observer's experiences, but again some cannot. This is the source of the distinction between what is public and what is private. In the final stage, if I may quote my own account of it, the visuo-tactual continuants

> are cut loose from their moorings. The possibility of their existing at times when they are not perceived is extended to the point where it is unnecessary to their existence that they ever should be perceived, or even that there should be any observers to perceive them. Since the theory also requires that these objects do not change their perceptible qualities except as a result of some physical alteration in themselves, they come to be contrasted with the fluctuating impressions that different observers have of them. In this way the objects are severed from the actual percepts from which they have been abstracted and are even regarded as being causally responsible for them.

In developing this theory of manifest objects, I think that I have succeeded in reconciling Hume's vulgar and philosophical systems, but there remains the problem of reconciling this outcome with the contemporary philosophical system, that is to say, the account of the physical world which is presented by contemporary physics. This problem has many ramifications, into which I cannot enter here. Briefly, what seems to have happened is that the perceptible 'constructs' which are needed for the conception of public space are dismissed into the private sector, and their places taken by imperceptible particles. Whether spatial relations can legitimately be severed in this way from their original terms is a debatable question, but it is not obvious to me that they cannot. What we must in any case avoid, as Hume said, is a system which puts physical objects, as they really are, in a duplicate space to which our senses give us no access. If we are to concede physics any pretensions to truth, our interpretation of it must be intelligible.

In the theory of the external world which I have foisted on Hume, personal identity is subordinated to bodily continuity. This was not Hume's own view, but it does no radical violence to his principles. On the contrary, in the section of the *Treatise* which he devotes to this topic, he claims it to be 'evident, the same method of reasoning must be continu'd, which has so successfully explain'd the identity of plants, and animals, and ships and houses, and of all the compounded and changeable productions either of art or nature' (T 259). The difference is just that Hume equates personal identity with the identity of the mind, and defines this without any reference to the body. When I say that he defines it, I allow for his saying that 'the identity, which we ascribe to the mind of man is only a fictitious one', and like our other ascriptions of identity proceeds from the 'operation of the imagination' (T 259). I am, however, more influenced by the fact that it is vital to Hume's account of the passions, and also to his theory of morals, that one does have a genuine idea of oneself, and he is not so inconsistent as to free this idea from all dependence on impressions. What I therefore take him to mean by calling the identity of our minds 'fictitious' is that it is not what he calls a 'true' identity, that is, the identity of a single unchanging object, but one that can be resolved into a relation between perceptions. There is no implication, any more than in the case of perceptible bodies, that these relations do not really obtain.

There is, indeed, one passage, in the Book 'Of the Passions', in a section in which Hume expatiates on the nature of sympathy as a factor in the love of fame, where he actually speaks of our having an impression of ourselves. ''Tis evident', he says, 'that the idea or rather impression of ourselves is always intimately with us, and that our consciousness gives us so lively a conception of our own person, that 'tis not possible to imagine, that any thing can in this particular go beyond it' (T 317). If this is not an oversight, the impression must be one of reflection, directed upon the idea of the self, for Hume consistently maintains elsewhere that since no impression is constant and invariable, one has no impression of oneself. He develops this point in a much quoted passage in the first Book of the *Treatise*. 'For my part,' he says, 'when I enter most intimately into what I call myself, I always stumble on some particular perception or other, of heat or cold, light or shade, love or hatred, pain or pleasure. I never can catch myself at any time without a perception, and never can observe anything but the perception.' He makes the apparent concession that some other person 'may, perhaps, perceive something simple and continu'd, which he calls *himself*', but shows this to be ironical by his assertion that 'setting aside some metaphysicians of this kind, I may venture to affirm of the rest of mankind that they are nothing but a bundle or collection of different perceptions, which succeed each other with an inconceivable rapidity, and are in a perpetual flux and movement' (T 252). Hume's readiness to speak for the rest of mankind suggests that his proposition is only disguised as an empirical generalization. It is rather that he can conceive of nothing that he would count as a pure awareness of oneself.

What then are the relations in virtue of which a bundle of perceptions constitutes a self? Apart from a rather cursory reference to resemblance and causation and the remark that 'memory does not so much produce as *discover* personal identity, by shewing us the relation of cause and effect among our different perceptions' (T 262), Hume barely attempts to give an answer, and in one of the Appendices to the *Treatise* he admits his failure to find one, and indeed views the whole question of personal identity as posing a problem which he cannot solve. He upholds the negative steps in his argument, that just as 'we have no idea of external substance, distinct from the ideas of particular qualities', so we have no notion of the mind 'distinct from the particular perceptions', a conclusion sustained by the apparent matter of fact that 'When I turn my reflexion on *myself*, I never can perceive this *self* without one or more perceptions; nor can I perceive any thing but the perceptions': that, consequently, it is the composition of perceptions 'which forms the self': that 'all perceptions are distinct': that 'whatever is distinct is distinguishable: and whatever is distinguishable is separable by the thought or imagination', with the result that perceptions 'may be conceived as separately existent, and may exist separately, without any contradiction or absurdity' (T 634–5). But having thus 'loosened' our perceptions he can find no means of binding them together. He says that there are two principles which he cannot 'render consistent', though he believes each of them to be true. They are respectively 'that all our distinct perceptions are distinct existences' and 'that the mind never perceives any real connexion among distinct existences' (T 636).

This statement is puzzling. Evidently, these principles are not inconsistent with one another. What Hume may have meant was that they are collectively inconsistent with the proposition that perceptions may be so 'composed' as to form a self. But even this is not evident. It depends on what we understand by a 'real connexion'. If what is meant is a logical connection, then there is no reason in logic why perceptions should not be distinct existences, in the sense that we can consistently conceive of their separation, and yet stand, as a matter of fact, in such empirical relations to one another as are sufficient to constitute a self. This is the line taken by William James, who puts forward a Humean theory of the self in his major work, *The Principles of Psychology*, which has remained a classic since its first publication in 1890. The theory relies on what James takes to be the experienced relations of sensible compresence and sensible continuity.

Apart from a possible charge of circularity, the most serious objection to any theory of this type is that we are not continually conscious. We need, therefore, to find some means of linking the perceptions which lie on either side of an interval, say, of dreamless sleep, and there is at least no obvious candidate for this role, except their common relation, the nature of which itself presents a problem, to one and the same body. To be content to say that they belong to the same mind is unhelpful, if it is just a way of saying that they stand in whatever the relation we are looking for happens to be, and unintelligible if it refers them to the same underlying mental subject. As Hume succinctly puts it in his Abstract of the *Treatise*, 'the mind is not a substance in which the perceptions inhere' (T 658).

Neither is this the only difficulty. A point which oddly escapes Hume's sceptical notice is that one attributes identity to persons other than oneself, and that these attributions depend upon the identification of their bodies. It is not as if there were a common store of perceptions, which we could sort into the requisite bundles, and then each light upon the particular bundle that constitutes himself.

We are not aware of the experiences of others in the way that we are aware of our own. This does not deter us from applying a psychological criterion of identity to other persons, or even to letting it override the physical criteria. One can imagine circumstances in which one could attach a sense to saying that two or more persons were simultaneously housed in the same body or, as the result perhaps of a brain transplant, if this were physically possible, that the same person occupied different bodies at different times. Even so, the primary identification, from the point of view of others than the person or persons concerned, would still be that of the body, and if I am right in thinking that self-consciousness implies the discrimination of oneself from other conscious beings, there is a sense in which the factor of bodily continuity remains predominant.

This is not inconsistent with the view that bodies themselves are 'constructed' out of percepts. It is rather a striking illustration of the way in which the theory to which our impressions give rise, on Humean principles, 'takes over' its origins. The impressions are reinterpreted into the theory as states of an observer; and persons figure among the physical objects that the theory, to which we relate our assessments of existence, allows there to be.

Chapter 4
Cause and Effect

No element of Hume's philosophy has had a greater and more lasting influence than his theory of causality. It has been frequently attacked, and frequently misunderstood. Not all the misunderstanding should be put down to the ill-will of Hume's critics. To some extent he courted it, though I agree with F. P. Ramsey, whose own theory, as set out in one of the Last Papers of *The Foundations* of *Mathematics*, is basically akin to Hume's, that Hume 'gave his readers credit for more intelligence than they display in their literal interpretations'. I shall argue that while Hume is vulnerable on many points of detail, partly because of his misguided insistence on tracing ideas to their origin, and partly because of his tendency to oversimplify the facts, his fundamental tenets not only admit of no answer but thoroughly deserve to carry conviction.

The first point to make clear is that when Hume speaks of 'the relation of cause and effect' he uses the term in a wider and looser sense than is now current. Whereas we are accustomed to distinguish between causal and functional laws, or between causal and statistical laws, or between events which are directly related as cause and effect and those which are related as the effects of a common cause or through their joint derivation from some overriding theory, Hume's usage is such that any lawlike connection between matters of fact is characterized as causal. It is true that when he puts probability on a scale of evidence in which the first place is taken by knowledge, defined as 'the assurance arising from the comparison of ideas', and the second by 'proof', where the result of a causal argument is accepted without any of the uncertainty which attends probability (T 124), he goes on to distinguish the probability which is founded on *chance* from that which arises from *causes*; but there is no inconsistency here, since he maintains 'that there must always be a mixture of causes among the chances, in order to be the foundation of any reasoning' (T 126), and the very fact that he makes no provision for statistical laws except as probabilities founded on *causes* confirms the point that I have been making. Hume's usage can indeed be criticized as favouring the neglect of important distinctions, or even the adoption of an unsatisfactory account of probability, but we shall see that its defects do not vitiate the development of his essential argument.

Another unusual feature of Hume's terminology is that he most frequently speaks of the relation of causality as holding between objects, and indeed so defines it, though he is normally represented as taking it to be a relation between events. This emendation does him no disservice, as his references to objects in this connection can easily be rephrased as references to events, and his inclusion of mental elements, like feelings and volitions, among causes and effects is some justification for it. My own opinion is that his intentions are best represented by construing the relation, in his view of it, as holding between matters of fact, into which objects and events, actions and passions, states and processes, whether physical or mental, can be made to enter, according as the example makes one or other choice of terms appear more suitable. This course not only has the advantage of conforming to Hume's enlargement of the scope of the relation but, since matters of fact are correlative to true propositions, it also helps to bring out the point that Hume is concerned with the causal relation primarily as a ground for inference.

This point may be put more strongly. We have seen that Hume takes there to be three relations on which our association of ideas depends, those of resemblance, contiguity, and cause and effect, but there is a functional difference between the first two and the third. As good a way as any of expressing this difference would be to say that whereas the first two provide tracks for the movements of our attention, the third is the main source of supply for our factual beliefs. The impression or idea of an object is apt to arouse the idea of one that has been found to resemble it or has appeared contiguously to it, or contiguously to an object of a similar sort, but the process goes no further. It does not lead to any beliefs, beyond those that already lie within the domain of memory or the senses. Taken singly, or together, these relations do not persuade us of the existence of particular realities that have not yet come within our experience. For this we have to rely upon reasoning and, as Hume puts it in the *Abstract*, and similarly in the *Enquiry*:

> 'Tis evident, that all reasonings concerning *matters of fact* are founded on the relation of cause and effect, and that we can never infer the existence of one object from another, unless they be connected together, either mediately or immediately. In order therefore to understand these reasonings, we must be perfectly acquainted with the idea of a cause; and in order to that, must look about us to find something that is the cause of another.
>
> (T 649)

There is, however, more to the understanding of our reasonings concerning matters of fact than the analysis of the relation on which they are based. There is also the question of the support which the reasonings draw from the relation, and it is in the way it illuminates this second question that the importance of Hume's theory almost wholly lies.

This being said, we can begin with Hume's actual description of causality. His procedure is to distinguish the elements which enter into the common idea of the relation, and then look for the impressions from which they have been derived. Apart from the confusion of psychological with logical questions of which he is generally guilty, his method is open in this instance to a charge of circularity. As we have already remarked, the level at which he views causality in operation is that of physical objects and events, and in attaining this level he already needs to make use of factual inference. This circularity will not, however, appear to be vicious and while his genetic approach does lead him to give too limited an account of the causal relation, especially in view of the amount of work with which he charges it, the harm which results does not go very deep. His principal theses are not affected by it.

In analysing our idea of the relation of cause and effect, Hume finds it to be compound. It essentially comprises the relations of priority, contiguity, and what he calls necessary connection. This turns out not to be a relation at all, in any straightforward sense of the term, but Hume at least begins by speaking of it as such. In the case of the first two relations the matching of ideas to impressions is allowed to be obvious. What does present a most serious problem for Hume is the discovery of an impression from which the idea of necessary connection could possibly be derived.

Before we examine Hume's handling of this problem, which leads to the nerve of his theory of causality, I should perhaps say that I think it doubtful whether any of the three elements which Hume takes to be essential to our idea of the causal relation really is so. The reason he gives for making contiguity essential is that

> tho' distant objects may sometimes seem productive of each other, they are commonly found upon examination to be link'd by a chain of causes, which are contiguous among themselves and to the distant

objects; and where in any particular instance we cannot discover this connexion, we still presume it to exist.

(T 75)

This may indeed have been true of the general opinion of Hume's time, but there is nothing contradictory in the notion of action at a distance, and a scientific theory which admitted it would not now be rejected merely on that ground. Not only that, but Hume himself allows causality to operate in a whole class of cases where there is not just an absence of spatial contiguity, but no question of there being any spatial relation at all. These are the cases in which our thoughts and feelings have physical causes and effects. For in Hume's view, only what was coloured or tangible could literally be accorded spatial properties: he queries our title to attribute spatial location to the data of the other senses, even on the basis of their association with the objects of sight and touch, and in the case of thoughts and feelings, he holds that the maxim 'That an object may exist, and yet be nowhere' is obviously satisfied. Whether he is right on this point is debatable. I suppose that the popular answer might turn out to be that our thoughts are inside our heads, but unless we take what I still consider to be the unjustified step of identifying mental with cerebral events, this can hardly be taken as literally true. And whatever reasons there may be for giving our thoughts a figurative location, say by assigning them to some area of the brain on which they are held to be causally dependent, this still will not yield the result that they are spatially contiguous to their causes.

Hume does have an argument for insisting that causes must precede their effects, in spite of what would appear to be the possibility, in certain cases, of their being contemporaneous.

'Tis an established maxim [he says], both in natural and moral philosophy, that an object, which exists for any time in its full perfection without producing another, is not its sole cause: but is

> assisted by some other principle, which pushes it from its state of inactivity, and makes it exert that energy, of which it was secretly possest.
>
> (T 76)

From this Hume infers that if any cause can be 'perfectly contemporary with its effect' all of them must be. The reasoning is not made fully explicit, but appears to rest on the assumption that every set of sufficient conditions produces its effect as soon as possible, so that if it were possible for a cause, in this sense, to produce a contemporaneous effect, any set of conditions which failed to do so would not be sufficient. If we further assume determinism, as we shall see that Hume does, so that every effect is at least part of a further cause, we do away with succession and so with time. For, as Hume puts it, 'if one cause was contemporary with its effect, and this effect with its effect, and so on . . . all objects must be co-existent' (T 76).

Hume appears to have had some doubts about the validity of this argument, but protected himself by adding that 'the affair is of no great importance'. He was right on both counts. Nothing in his further analysis of causality depends on causes having to precede their effects, and his argument is invalid. What its premiss entails is that there can be no interval of time between the cause and the effect, but this does not exclude their overlapping, and there is no reason why, if the overlap is partial in some cases, it should not be complete in others. Neither is the premiss itself compelling. If, as Hume does, one is going to make the concept of causality dependent on that of law, there is no logical ground for excluding any interval of time between the states of affairs which a law conjoins. We can admit the possibility of action at a distance in time as well as in space.

I said earlier that I doubted whether the element of necessary connection was essentially comprised in the popular notion of causality. This was partly out of charity, since I am going to argue that unless it is given a very artificial interpretation, such as we shall see that it receives from Hume, the term does not apply at all to matters of fact, and I should prefer to avoid saddling the public with such confusion of thought that its concept of causality had no application. Even so, I should not be surprised if a social survey revealed that most people associated with causality had some vague idea of power, or force, or agency, and in that case I should preserve charity by severing these ideas from the description of the actual factors which make their causal judgements acceptable.

However this may be, the important point, at this stage of the argument, which Hume acknowledges, is that even if they are necessary, the relations of priority and contiguity are not sufficient for causality. Something more, or perhaps something wholly different, is required. What can it be? Hume offers an answer, but we shall find that the answer itself is of less consequence than the route which takes him to it, and that the splendour of the route owes less to what Hume asserts, as he pursues it, than to what he denies.

The first of his denials is that there is a logical relation between independent matters of fact. As he himself put it in the *Treatise*, we can rely on the principle 'That there is nothing in any object, considered in itself, which can afford us a reason for drawing a conclusion beyond it' (T 139). In the *Enquiry* he offers the further argument that 'Whatever is intelligible, and can be distinctly conceived, implies no contradiction, and can never be proved false by any demonstrative argument or abstract reasoning *a priori*' (E 35). He gives various examples: maintaining, for instance, that he can clearly and distinctly conceive that a body resembling snow in all other respects 'has yet the taste of salt or feeling of fire', that the proposition 'that all the trees will flourish in December and January, and decay in May and June' is perfectly intelligible (E 35); that from the sole premiss that a billiard ball is moving in a straight line towards another, it would never be possible 'to infer motion in the second ball from the motion and impulse of the first' (T 650). If in each of these cases, or in the many other examples that he gives, we infer a contrary conclusion, it is because we are making projections from our past experience. So far as logic is concerned, anything may produce anything.

This step is undoubtedly valid, but some care is needed in setting the argument out. We must avoid being misled by the fact that it is common practice to describe objects in terms of their actual or possible relations to one another, and that very often, especially in the case of artefacts, our descriptions of them include a tacit or explicit reference to their causal properties. For instance, in calling something a pen we imply that it is designed to serve the purpose of producing legible marks; a looking-glass does not deserve its name unless it has the capacity of reflecting images; a match is something that, under specifiable conditions, produces flame when it is struck. Not only is there an enormous number of examples of this sort to be found in common usage, but we can take the process to any length we please. In any case in which we want to make the claim that two properties are invariably associated, we can guarantee their connection by the simple device of reconstruing the predicate which has so far stood for only one of them in such a way that it comes to stand for their conjunction. Similarly, it is often in our power to reconstrue sentences which express empirical generalizations by framing a deductive theory in which they are treated as expressing definitions or their logical consequences.

It is, however, obvious that manœuvres of this sort afford no real protection against Hume's argument. The empirical questions which we apparently suppress by concealing them under definitions come to light again when we ask whether the definitions are satisfied. If we can manipulate predicates so as to establish logical connections, we can equally reverse the process. A complex property can be resolved into its separate elements; and the predicates involved so construed as to make it an empirical question whether they are satisfied in common.

But may there not be limits to our power of dismantling a given structure of logically connected concepts? Hume's argument requires that every object be, as he puts it, 'consider'd in itself'. Is it quite certain that this is always possible? There does, indeed, seem to be no difficulty so long as we are dealing with sensory qualities or even with particular impressions, but the matters of fact to which Hume applies his argument are not at this elementary level. They concern the behaviour of physical objects, and there is a ground for saying that these cannot be treated individually, as if nothing else existed. They are located in a spatio-temporal system, and this may be taken to entail that the identification of any individual object carries the presupposition that there are others to which it stands in some spatio-temporal relation. There is, however, a saving clause in that this reference to other objects is quite general. Within the whole range of objects to which the one that is being identified will be spatio-temporally related, there will be none in particular to which the identification need carry any reference. For this reason we can fulfil Hume's requirement that objects be considered in themselves, by taking it to imply that with regard to any two objects *x* and *y* we can identify either by a description which carries no reference to the other, and then, if this condition is satisfied, his conclusion that, from a statement which asserts the existence of *x*, under such a description, nothing whatsoever can be deduced about the existence or non-existence of *y*, emerges as the tautology that it anyhow needs to be.

It is well for Hume that he can avail himself of this tautology, since his other argument that the contrary of any matter of fact can be distinctly conceived is not conclusive. Its weakness lies in the assumption that what we find intelligible must be logically possible. A counter-example was put forward by Professor W. C. Kneale in his book *Probability and Induction*, published in 1949. It is generally though not universally held that a proposition of pure mathematics is necessarily true, if it is true at all. So if this is so, and if Hume were right, the contradictory of a true mathematical proposition should not be conceivable. But now consider Goldbach's conjecture that every even number greater than two is the sum of two primes. This has never been proved; neither has an exception been discovered. If we allow mathematical propositions to be true or false, independently of our having a proof or disproof of them, and if we insist on their necessity, then we must conclude that either Goldbach's conjecture or its negation is logically false. Yet each seems equally conceivable.

Even if one is not willing to make the assumptions which are needed to sustain this example, I think it should be conceded that the appeal to what we can imagine does not provide us with a foolproof criterion of logical possibility. Not all contradictions are immediately obvious, and conversely propositions which are logically possible, even propositions which are true, may defeat one's imagination. For instance, the curvature of space is something that we have been taught to believe in, but I suppose that before Einstein propounded his Theory of Relativity, most people would have found it inconceivable. I think, therefore, that while Hume's examples of changes in the usual course of nature have some force, it is on our ability to dissever the logical connections which our language forges between our descriptions of matters of fact that, as I said, his argument securely rests.

As it happens, the position which Kneale was trying to defend when he made use of Goldbach's conjecture was not that causal relations exemplify logical entailments, but rather that the laws of nature are what Kneale called Principles of Necessitation. This view is of especial interest, if only because it brings us to the second of Hume's important denials, which was that there could be any such thing as natural necessity, when this is taken to imply that there can be what Kant was to call synthetic relations between matters of fact, which are necessary even though their existence is not logically demonstrable.

8. The collision of billiard balls is Hume's paradigm of the relationship of cause and effect. Billiards was a passion of the leisured classes in late eighteenth-century Britain – a passion taken to excess, according to this cartoon by Gillray.

Hume's argument is simply that no such relations are observable. If we take his favourite example of a game of billiards, we do indeed speak in 'forceful' terms of the cue being used to 'strike' the ball and of one ball 'cannoning' off another. But all that we actually observe is a series of changes in spatio-temporal relations. First there is a movement of the player's arm, coinciding with a movement of the cue, then an instant at which the cue and the ball are in spatial contact, then a period during which the ball is in motion, relatively to the objects in its neighbourhood, then an instant at which it is in spatial contact with a second ball, then a period in which both balls are in motion, and then, if the player achieves his cannon, an instant at which the first ball is in spatial contact with a third. In the whole of such a process there is no observable relation for which terms such as 'power' or 'force' or 'necessary connection' could be needed to provide a name. And the same applies to any other example that one might have chosen, whether it be a sequence of physical events, or a conjunction of physical properties. As Hume would put it, we are never furnished with an impression from which the idea of necessary connection could be derived.

If one is looking for such an impression, the most obvious place to seek it is in one's own experience of action. Do we not find it in the exercise of our wills? Hume considers this suggestion in the *Enquiry* and raises three objections to it. The first is that we do not understand the principle of 'the union of soul with body', which we should do if volition gave us the impression of power: the second is that we cannot explain why we move some of our bodily organs and not others, whereas we should not be embarrassed by this question if we were conscious of a force operating only in favoured instances: the third is that 'we learn from anatomy' that strictly speaking we have no power to move our limbs at all, but only to set in motion nerves, or 'animal spirits', from which the motion of our limbs eventually results; and certainly we are not conscious of any relation of force between the exercise of our wills and the movements of these 'animal spirits' or anything like them (E 64–7).

I think that these arguments can be resisted. It has often been claimed that when we perform voluntary movements or handle objects in the various ways that we constantly do, we undergo an experience which fairly answers to the description of being the experience of bringing something about, and the fact that there are limits to what we can do in this way, and that we may be ignorant of the physical conditions which have to be satisfied if we are to accomplish anything of this sort at all, are not in themselves sufficient to make this description inapt. Indeed Hume himself speaks, in cases where we find ourselves trying to overcome physical resistance, of our experiencing an 'animal nisus', and acknowledges that it enters very much into the vulgar idea of power, even if this vulgar idea is neither precise nor accurate (E 67).

But now I must say that, whatever the rights or wrongs of this question may be, and however great its psychological interest, it is only peripheral to Hume's argument. What we must remember is that Hume is concerned with causality as the ground of factual inference; it has to supply the bridge which carries us safely from a true belief in one matter of fact to a true belief in another. And the consequence of this is that even if we do have experiences which are properly described as experiences of the exercise of power, they are nothing to the purpose. The reason for this is that they cannot be generalized. From the fact, if it be a fact, that a faithful description of some particular action of mine implies, either overtly or covertly, that I have undergone such an experience, it in no way follows that when I set myself to repeat the action, I shall have the same experience or indeed achieve the same result. There being no logical connection between the two performances, we can make our description of either one of them as elaborate as our psychological theories permit; it will still convey nothing about the nature of the other.

The same applies to the search for necessity in the physical world. Here again, Hume had failed to do full justice to his case by making it appear to rest upon an empirical generalization, rather than a logical argument. If we return to his example of the billiard balls, I think that he is right in saying that no relations of force or power can be detected in the actual phenomena. The point which he overlooks is that it would not matter if they were detectable. For let us suppose that when the balls collided we did observe something which could fairly be described as the communication of force, and that we therefore included a reference to it in our description of the facts. So far as our right to make inferences goes, this complication leaves us exactly where we were. Let us call the two balls 'A' and 'B' and the supposedly forceful relation between them 'R'. Then, if there is any doubt whether the sequel to the spatial coincidence of A and B will be the same on a future occasion, there must be an equal, or indeed a stronger doubt, since more is being assumed, whether A will again stand in the relation R to B on a future occasion of their spatial coincidence, and whether there will be the same sequel. It may be objected that the doubt is settled in the second case by the very nature of the relation R. If A stands in relation R to B, it *must* impart motion to it, and this implies that under similar conditions it does so on all occasions. But this objection is simply fallacious. For either R is a merely phenomenal relation, that is to say, a relation such that an accurate observation of the phenomena is sufficient to establish its presence, or it is not. If it is, its existence will be entirely neutral with regard to what happens at any other place or time. If it is not, it can serve its intended purpose only if it comprises in its definition the clause that any terms which are related by it will always, under similar conditions, exhibit similar behaviour. But this makes the example just another case in which causal propositions are made true by fiat, and the same objections are fatal to it. Moreover, on this interpretation, what looked like the empirical proposition that necessary connection is not detectable in any single instance of a conjunction of matters of fact is promoted into a logical truth. For the relation is now defined in such a way that we have to examine every single instance of the phenomenon in question, in order to discover that it holds in any one of them.

There the matter of necessity might be allowed to rest, though much more would remain to be said about our grounds for making factual inferences. But assuming as he does that we have an idea of necessary connection, Hume is driven by his principles to continue his search for the impression which could be the source of this idea. He sees that the mere multiplication of instances will not supply it. Having stated the principle, which we have already quoted, '*That there is nothing in any object, consider'd in itself, which can afford us a reason for drawing a conclusion beyond it*', he goes on to state the further principle, '*That even after the observation of the frequent or constant conjunction of objects, we have no reason to draw any inference concerning any object beyond those of which we have had experience*' (T 139), and if we are restricting ourselves, as Hume here does, to deductive inference, the truth of the second of these principles is no less evident than that of the first. Nevertheless it is in the multiplication of instances that Hume finds the clue that leads him to the end of his quest. His theory is that the observation of the frequent or constant conjunction of matters of fact of recurring types gives rise to a mental habit or custom of expecting this regularity to be repeated. The difference made by the multiplication of instances is, as Hume puts it in the *Enquiry*, that 'the mind is carried by habit, upon the appearance of one event, to expect its usual attendant, and to believe that it will exist' (E 75). It is, then, in 'this connexion which we *feel* in the mind, this customary transition of the imagination from one object to its usual attendant' that Hume discovers 'the sentiment or impression from which we form the idea of power or necessary connexion' (E 75). All that we have to go on is our past experience of regularity in nature; indeed there is nothing more there to be discovered. We become habituated to expecting that this regularity will be maintained. And this habit or custom is so firmly ingrained in us that we project the strength of the association into the phenomena themselves, and so succumb to the illusion that 'necessary connexion' is the name of a relation in which they actually stand to one another.

This leaves the way clear for Hume to define causality. Both in the *Treatise* and in the *Enquiry* he offers alternative definitions, according to whether the relation is considered as 'natural' or 'philosophical': that is to say, according to whether we attend only to the phenomena in which the relation is exhibited, or also take account of the light in which we view them. In the first case, a cause is defined in the *Treatise* as 'An object precedent and contiguous to another, and where all the objects resembling the former are plac'd in like relations of precedence and contiguity to those objects, that resemble the latter'. The alternative, 'philosophical' definition is that 'A cause is an object precedent and contiguous to another, and so united with it, that the idea of the one determines the mind to form the idea of the other, and the impression of the one to form a more lively idea of the other' (T 170). The definitions given in the *Enquiry* are similar but more succinct. In its natural aspect a cause is said to be 'An object followed by another, and where all the objects similar to the first are followed by objects similar to the second', with the additional gloss, 'where, if the first object had not been, the second had never existed': when the contribution of the mind is brought in, a cause becomes 'an object followed by another, and whose appearance always conveys the thought to that other' (E 76–7).

It has often been pointed out, and hardly needs repeating, that these definitions are far from being adequate, as they stand. Apart from the infelicity, which we have already noted, of speaking of 'objects' as the terms of causal relations, and the unwarranted exclusion of action at a distance, they suffer from their failure to take account of the part played by theories in the derivation of what we take to be causal laws. It is doubtful, also, whether the conjunction need be entirely constant. We often make particular causal judgements, with no stronger general backing than a statement of tendency. Hume, indeed, makes some provision for cases of this sort when he speaks of 'the probability of causes'. He assumes, not altogether in accord with common usage, that a cause has to be a sufficient condition, and also unduly takes it for granted that there is never more than one sufficient condition for any given matter of fact. This would make a cause also a necessary condition, which is, indeed, what Hume describes it as being in the gloss to the first of his definitions in the *Enquiry*. He allows, however, for what he calls the contrariety of causes, which means that the presence of some other factor, or factors, prevents a given type of 'object' from being followed by its usual attendant. If we knew what these other factors were and how they operated we could make their absence part of our sufficient condition and regulate our expectations accordingly. As it is, we have often to be content with generalizing from past frequencies. This account of our procedure is not objectionable in itself, so long as we admit the assumption of there not being a plurality of sufficient conditions. What it overlooks is the caveats which we impose on statistical inferences, and once more the extent to which statistical laws are derived from theories.

Conversely, not every constant conjunction is seen as warranting an ascription of causality. In cases where the examples are not numerous, or occur in what are thought to be exceptional circumstances, or do not fit in with our general picture of the way things happen, the conjunction may be deemed accidental, even though it has occurred without exception. This goes with the serious objection that Hume's use of words such as 'similar' and 'resembling' in his definitions is too vague. Any two objects may be similar in some respect or other. We need to be told in some detail what kind or degree of similarity is required for the matters of fact which it groups to become suitable candidates for factual inference.

The charge of circularity is sometimes brought against the second of Hume's definitions in the *Treatise*, on the ground that he speaks of an object as 'determining' the mind to form the idea of another. This charge is unjustified. It is clear from the whole course of Hume's argument that no more is claimed here than that the mind in fact acquires the habit of associating the ideas in question. There is no implication that it is 'forced' to do so. On the other hand, it was a venial mistake on Hume's part to include a reference to the mind's propensity in what was supposed to be a definition of causality. In propounding causal judgements, we express our mental habits, but do not normally assert that we have them. An account of our mental habits does enter into the explanation of our ascriptions of causality; but this is not to say that when we attribute causal properties to some physical object, we are also making an assertion about ourselves.

Enough has been said to show that Hume's definitions are formally defective. The fact remains that they do bring out two points, the importance of which outweighs their defects. The first is that it is only the existence of the appropriate regularity in nature that can make a causal proposition true; and the second is that the difference between accidental and causal generalizations is not a difference in the ways they are satisfied, but a difference in our respective attitudes towards them. In the second class of cases we are willing to project accredited regularities onto imaginary or unknown instances; in the first we are not. Though he points the way to this distinction, Hume does not himself enquire into the principles which underlie it.

Instead, he raises the more general and fundamental question how we can ever be justified in making factual inferences which carry us beyond the evidence of our past and present observations. In raising this question, he posed what has come to be known to philosophers as the Problem of Induction. He approaches it by asking whether our procedure is governed by reason. If it were, he maintains that our reason 'would proceed upon that principle, *that instances of which we have had no experience, must resemble those, of which we have had experience, and that the course of nature continues always uniformly the same*' (T 89). But now we come to the next of his crucial denials. For he shows convincingly that the principle at issue can neither be demonstrated nor even lay claim to any probability. That the principle cannot be demonstrated follows evidently from the assumption, which we have seen that Hume is entitled to make, that the members of the two classes of instances are logically distinct. As for its being probable, we run up against the fact that the ascription of probability draws its force from past experience. In Hume's words, 'probability is founded on the presumption of a resemblance betwixt those objects, of which we have had experience, and those, of which we have had none; and therefore 'tis impossible this presumption can arise from probability' (T 90).

Does it follow that we have no good reason at all for trusting the outcome of any factual inference? From Hume's point of view, this would be a misleading way of stating what he has proved, since it suggests that we lack the good reasons we might conceivably have had. His own conclusion is rather that which Kemp Smith attributes to him: that reason has in such matters been ruled out of court. In a section of the *Treatise* in which he allows scepticism to invade the domain of reason, using the argument that the admitted possibility of our making mistakes in the demonstrative sciences entails that even in their case knowledge degenerates into probability, with the surely fallacious rider that, the judgement of probability itself not being certain, the doubts successively mount up until even the probability is all taken away, he remarks that the question whether he himself accepts the totally sceptical conclusion, 'that our judgement is not in *any* thing possest of *any* measure of truth and falsehood', is 'entirely superfluous', since it is not an opinion that anyone can sincerely hold. If he has developed the sceptic's case to its greatest extent, it is only to obtain evidence for his hypothesis '*that all our reasonings concerning matters of fact are deriv'd from nothing but custom: and that belief is more properly an act of the sensitive, than of the cogitative part of our natures*' (T 183). This echoes an earlier statement: 'Thus all probable reasoning is nothing but a species of sensation. 'Tis not only in poetry and music, we must follow our taste and sentiment, but likewise in philosophy' (T 103).

Does this mean that all factual reasoning is on the same footing; that we are entitled to extrapolate from our past and present experience in any way that suits our fancy? If Hume really thought so, it is strange that he should have applied what he called 'the experimental method' to the study of the passions or that he should have laid down a set of 'Rules by which to judge of Causes and Effects' (T 173 ff.), such as that there must be a constant union between them, and 'that the difference in the effects of two resembling objects must proceed from that particular, in which they differ'. Why is he so sure that 'there can be no such thing as Chance in the world' (E 56), so that when we ascribe an event to chance we are confessing our ignorance of its real cause, a question made all the more puzzling by his having been at considerable pains to show (T 78 ff.) that the generally received maxim that '*whatever begins to exist, must have a cause of existence*' is neither intuitively nor demonstrably certain, and to expose the fallacies in the arguments by which various philosophers had sought to prove it? The only explanation seems to be that the propositions that 'every event has a cause' and that 'the course of nature continues always uniformly the same' were regarded by Hume in the light of natural beliefs. They cannot be proved, but nature is so constituted that we cannot avoid accepting them.

But can we really not avoid it? It seems to me that we can, in both instances, though I shall not here dwell upon the first. The trouble with the second proposition is that it is not clear how it is to be construed. If it is taken at its face value, as stating that the course of nature is entirely repetitious, then so far from its expressing a natural belief, it is very unlikely that anybody believes it. Our experience leads us to expect the occurrence of unforeseen events; at the most we may believe that they can subsequently be accounted for. On the other hand, if no more is being claimed than that past experience is, in some large measure, a reliable guide to the future, there is no question but that this is universally assumed. There still, however, remains the problem of explaining why not every instance of experienced conjunction is thought to be equally projectible.

This goes with the fact, which has been strangely overlooked by the many philosophers, starting with Kant, who have tried to rebut Hume by arguing for the necessity, or at least the probability, of some general principle of uniformity, that its very generality would prevent such a principle from doing the work required of it. I am not sure whether Hume believed that the adoption of the principle which he formulated would legitimize inductive arguments by making them deductive, but if he did, he was mistaken. This can easily be shown by considering any case in which a universal generalization is inferred from an unexhausted series of wholly favourable instances. Suppose that a number of objects of the kind A have been observed and all found to have the property *f*. Then the suggestion is that by adding the premiss that nature is uniform we can deduce that every A has *f*. But it still may happen that we come upon an A which lacks *f*. In that case we shall not only have suffered the not unprecedented setback of discovering that a generalization which we had accepted is false. We shall have proved that nature is not uniform, since if the conclusion of a valid deductive argument is false, at least one of its premisses must be false, and in view of the truth of the premiss that all observed As have been *f*, the false premiss has to be the principle of uniformity. But surely neither Hume, nor any other philosopher who has thought there to be a need for such a principle, can have seriously intended it to be so stringent that it succumbed to the discovery of a first exception to any generalization for which there had been any positive support.

Let it be granted, then, that there is no such simple method of transforming inductive into deductive reasoning. It may still be held that the use of a general principle of uniformity, when combined with the evidence of previous observations, can serve to bestow a high measure of probability on some generalizations and still more upon our expectations of particular events. This was very much the line taken by John Stuart Mill, though it has been shown that he needed to make further assumptions for his methods to yield the results that he claimed for them. His position was, however, avowedly circular. The principle of uniformity was itself viewed as obtaining its support from the generalizations which it joined in supporting.

It has been suggested that the circle can be avoided by deriving a set of general principles from a combination of the deliverances of past experience with *a priori* relations of probability, themselves based on the mathematical calculus of chances. The short answer to this is that no such relations are available, for the reason which Hume already gave in his discussion 'of the probability of chances'.

> Shou'd it be said [he remarks], that tho' in an opposition of chances 'tis impossible to determine with *certainty*, on which side the event will fall, yet we can pronounce with certainty, that 'tis more likely and probable, 'twill be on that side where there is a superior number of chances, than where there is an inferior: Shou'd this be said, I wou'd ask, what is here meant by *likelihood* and *probability*? The likelihood and probability of chances is a superior number of equal chances; and consequently when we say 'tis likely the event will fall on the side, which is superior, rather than on the inferior, we do no more than affirm, that where there is a superior number of chances there is actually a superior, and where there is an inferior there is an inferior; which are identical propositions and of no consequence.
>
> (T 127)

In short, the mathematical calculus is a purely formal system, and if we are to apply it to our estimates of what is actually likely to happen, we need to make some such empirical assumption as that where we have a set of mutually exclusive possibilities, like the coming uppermost of one or other of the six faces of a die, and no information which favours one outcome rather than any other, they can be expected to occur with approximately equal frequency. But then we are back in our circle, for we have no reason to make any assumption of this sort except on the basis of past experience. Mere ignorance does not establish any probability.

There are those who maintain that Hume, and his followers and opponents, have all been tilting at windmills, since scientists do not employ inductive reasoning. They advance hypotheses, submit them to the severest tests that they can devise, and adhere to them so long as they are not falsified. I doubt, for my own part, if this is a fully accurate account of scientific procedure, though it serves as a corrective to the mistaken view that the practice of science consists in nothing more than generalizing from past observations. But in any case it does not entail that induction is or could be superfluous. For one thing, this suggestion overlooks the fact that an enormous amount of inductive reasoning is built into our language. In referring to physical objects of whatever sort, we are implying that properties which have hitherto been found in conjunction will continue to be so; in crediting these objects with causal powers, we are forecasting the repetition, under suitable conditions, of previous sequences of different sorts of events. Furthermore, there would seem to be no point in testing hypotheses unless their passing the test was thought to enhance their credibility: but that it does so enhance it is an inductive assumption.

A more promising line of argument was advanced long ago by C. S. Peirce. If there is no ascertainable generalization to which a given set of facts conforms, there is nothing we can do about it; if there is such a generalization then the reliance on past experience will eventually lead us to it. There is, however, the difficulty that there may be an infinite number of generalizations with which any limited set of observations might be consistent, and there is not much comfort in the assurance that we are bound to get the right result in an infinite time.

Even so, there is some point in remarking that any successful *method* of forming our expectations must be inductive, for the sufficient reason that it would not be a successful method unless it followed a pattern which corresponded to the pattern of events with which it dealt. The real trouble lies in the latitude which our observations allow us, so that we have to choose between a number of competing hypotheses which are equally well supported by our past experience. The question at issue is not so much *whether* the future will resemble the past, since if the world is to continue to be describable at all, it must resemble it in some way or other, but how it will resemble it. What we want and cannot obtain, except by circular argument, is a justification for our actual interpretation of the lessons of the past; a justification for adhering to a special corpus of beliefs. That we cannot obtain it is an insight which we owe to Hume. What he neither proved nor even sought to prove was that the consequence is that the beliefs should be abandoned.

Chapter 5
Morals, Politics, and Religion

Considering the relish with which Hume denies the necessity of the proposition that every event has a cause, we may be surprised to discover how firmly he accepts its truth. There is, indeed, a passage in the *Treatise* where, in the course of discussing the passions of fear and hope, he speaks of the probabilities which cause them as belonging to one or other of two kinds, according as the object is already certain but 'uncertain to our judgement', or 'when the object is really in itself uncertain, and to be determin'd by chance' (T 444), but this is a rare departure from his usual view that 'what the vulgar call chance is nothing but a secret and conceal'd cause' (T 130). Throughout his analysis of the passions, and his exploration of the foundations of morals and politics, his official position is that of a determinist.

In speaking of Hume as a determinist, we must, however, bear in mind that this does not in his case carry any pledge of allegiance to a reign of necessity in nature. The most to which it commits him, or any other determinist who understands what he is talking about, is the proposition that the concurrence and succession of matters of fact of different types exhibit perfect regularity. In accepting this proposition, Hume not only sets aside the doubts which he has raised about the validity of induction, but also discounts the fact that the regularities which our past experience has brought to light are far from being perfect. They do not cover all the accredited data and their level of generality allows for some unexplained latitude among the instances in which they are exemplified. Hume takes no notice of this second point, but he does acknowledge the first. He disposes of it by contrasting the opinion of 'the vulgar, who take things according to their first appearance', with that of philosophers who attribute any appearance of irregularity to 'the secret opposition of contrary causes' (E 86–7). The objection to this course is that it reduces the thesis of determinism to a convention. It survives in all circumstances if we are allowed to set aside any adverse evidence by an appeal to secret powers. To endow it with some interest, we need to break it down into a set of working theories which we then apply to different domains of fact. It is true that if our theories fail, we may retain the hope of finding replacements which will bring us success, but at least at any given stage the questions which we are asking will be empirical.

Though these considerations did not occur to Hume, there is no reason to think that he would have found them unwelcome. For the proposition which he wished to advance was not so much that the operations of bodies are strictly regulated as that there is no distinction in this respect between body and mind. The character of human nature is as constant as that of inanimate objects and what is more 'this regular conjunction has been universally acknowledged among mankind, and has never been the subject of dispute, either in philosophy or common life' (E 88). If we are startled to find this said of philosophy, we need to remind ourselves that the term, in Hume's usage of it, encompasses science; and what he is here maintaining is that the custom of drawing inferences from past to future experience, as well as the assumption of firmer regularities than we have actually discovered, occur no less in the social than in the natural sciences.

> What [he asks] would become of *history*, had we not a dependence on the veracity of the historian, according to the experience which we have had of mankind? How could *politics* be a science, if laws and forms

> of government had not a uniform influence upon society? Where would be the foundation of *morals*, if particular characters had no certain or determinate powers to produce particular sentiments, and if these sentiments had no constant operation on actions? And with what pretence could we employ our *criticism* upon any poet or polite author, if we could not pronounce the conduct and sentiments of his actors either natural or unnatural to such characters, and in such circumstances? It seems almost impossible, therefore, to engage either in science or action of any kind without acknowledging the doctrine of necessity, and this *inference* from motives to voluntary actions, from characters to conduct.
>
> (E 90)

The conclusion which Hume drew from this is that no one seriously believes in the freedom of the will, if this is taken to imply that men's actions are uncaused. He admits that when it comes to one's own actions one has a tendency to claim this type of freedom. 'We feel, that our actions are subject to our will, on most occasions; and imagine that our will itself is subject to nothing' (E 94), partly because we do not suffer from any feeling of constraint. We may be ignorant of all the regularities to which we conform, and even when we discover them we may still fancy that we can elude their grasp. We may even prove this to our own satisfaction by choosing a different course of action in what we take to be the same circumstances, not seeing that there is a decisive difference in that

> the fantastical desire of shewing liberty is now itself operating as a cause. What is more to the purpose is that, however we may imagine we feel a liberty within ourselves, a spectator can commonly infer our actions from our motives and character; and even where he cannot, he concludes, in general, that he might, were he perfectly acquainted with every circumstance of our situation and temper, and the most secret springs of our complexion and disposition.
>
> (E 94)

Since we are intended to side with the spectator, this last claim evidently begs the question, and to the extent that it does so, Hume fails to prove his point. But whatever other moral may be drawn from this failure, it does not strengthen the position of those who wish to maintain the usual association of free will with responsibility. From their point of view, as well as Hume's, the possibility of an overall reign of purely physical causes is ruled out of court. Let us suppose then that our actions do not proceed, with any high degree of regularity, from our character and motives. To what do we ascribe their waywardness? I see no other candidate but chance. But why should we be held responsible for actions which occur by chance, any more than for those that issue from our motives and characters, which may perhaps themselves be explained in terms of our genetic endowment, and the physical and mental stimuli to which we have responded from our infancy?

This is not to deny us any form of liberty. Hume defines it as 'a power of acting or not acting, according to the determinations of the will' (E 95), and this is something that we commonly possess. Not only that, but Hume is able to argue that it is liberty of this sort, rather than the freedom of the will to which we cannot properly lay claim, that is 'essential to morality'. His argument is that 'actions are objects of our moral sentiment, so far only as they are indications of the internal character, passions, and affections' (E 99). They cannot give rise to praise or blame when they are 'derived only from external violence', and equally there would be no point in the distribution of praise or blame, reward or punishment, unless it had an effect upon men's motives and characters, and consequently upon their actions. This does not debar us from praising or blaming the conduct of the dead, or that of persons whom for other reasons we have no actual power to influence, but this is chiefly another illustration of the force of custom. There being certain sorts of conduct that we find it possible and useful, in many cases, to promote or inhibit by the expression of praise or blame, we fall into the habit of reacting in the same way to all conduct of these sorts. It is also to be noted that even when the agents in question are beyond our reach, our evaluations of their actions may still have an effect on the behaviour of those who are inclined to follow their example.

On the question of free will, I think that Hume is right, except for his claim that his definition of liberty is one 'on which all men agree'. It would, I think, be generally agreed that he has laid down a necessary condition of liberty. I doubt, however, if it is commonly thought to be sufficient. It appears to me, rather, that not only our moral judgements but also many of our feelings about ourselves and other persons, such feelings as those of pride or gratitude, are partly governed by a notion of desert which requires our wills to be free in a stronger sense than Hume's definition admits. In a muddled fashion, we credit ourselves and others with what has sometimes been described as a power of self-determination. The trouble is that even if there were something which answered to this description, we should not escape from Hume's dilemma. Either the exercise of this power would fit into a causal pattern, or it would occur at random, and in neither case would it appear to justify an ascription of responsibility. We could avoid the muddle, as in effect Hume proposes, by altering our notions of desert and responsibility so that they fitted into a purely utilitarian scheme, but whether we have such command over our sentiments as to be able to abide by such a policy, and whether it is wholly desirable that we should abide by it even if we could, are questions which are open to dispute.

A point of interest, which Hume slyly makes in passing, is that if determinism were valid and one assumed the existence of an omnipotent creator, another dilemma would arise for those who wished to maintain that the creator was benevolent. As Hume puts it, 'human actions . . . either can have no moral turpitude at all, as proceeding from so good a cause; or if they have any turpitude, they must involve our Creator in the same guilt, while he is acknowledged to be their ultimate cause and author' (E 100). One can escape through the horns of this dilemma by discarding the concept of guilt altogether, which it is arguable that we should do anyway in view of its dependence on the muddled concept of free will, but the escape is quickly followed by recapture, since the dilemma can be restated in terms of evil, with an even heavier burden placed on the creator, since not all the evil in the world results from deliberate human actions. In this case there is no escape, since evil can be taken as comprising a large amount of human and animal suffering, if nothing more, and it is not to be denied that such suffering occurs. It may be alleviated in some cases by the belief that it proceeds from a good cause, but quite apart from the fact that it is not clear how this could achieve any more than a diminution of the evil, such cases are exceptional. Having already rejected the preposterous suggestion that this is the best of all possible worlds, we are left with the conclusion that if there is an omnipotent creator, he is not benevolent.

Characteristically, Hume leaves it to the reader to draw this conclusion. Having presented his argument, he is content to remark that 'to defend absolute decrees, and yet free the Deity from being the author of sin, has been found hitherto to exceed all the power of philosophy' (E 103). Since the weakest link in Hume's argument is his assumption of determinism, it is worth remarking that its conclusion would scarcely be impaired if this assumption were relaxed. The moral standing of a creator would not be very much higher if he had willed only a considerable proportion of the world's evil and left the remainder to chance.

After making his ironical comment that the question of the Deity's involvement in sin has been found to exceed the power of philosophy, Hume recommends that the subject 'return, with suitable modesty, to her true and proper province, the examination of common life' (E 103), and this is the policy which he himself pursues in giving his philosophical account of human morality. Hume's moral philosophy, reviewed in all its detail, is subtle and complex, but it is derived from a small number of principles which can be clearly elicited. They are partly analytical and partly psychological. I shall first state and discuss them, and then consider the conclusions which Hume draws from them.

The principles are the following. No special importance should be attached to the order in which I have set them out.

1. Reason alone, being concerned only with the discovery of truth and falsehood, 'can never be the motive for any action of the will' (T 413). It is from this principle that Hume derives his celebrated dictum: 'Reason is and ought only to be the slave of the passions, and can never pretend to any other office than to serve and obey them' (T 415).
2. The passions by which we are motivated may be direct or indirect, calm or violent. The direct passions, such as those of joy, grief, hope, or fear, arise either from natural instinct, or from our desire of good, which can here be equated with pleasure, or aversion from evil, which can here be equated with pain. The indirect passions, such as those of pride, humility, love, or hatred, arise from a combination of these primitive motives with other factors. This distinction is independent of that between calmness and violence. It is because the motivation may be violent that 'men often act knowingly against their interest' and are not always influenced by 'their view of the greatest possible good' (T 418).
3. Sympathy for other creatures is a natural instinct. Its strength is such that although it is 'rare to meet with one, who loves any single person better than himself', it is equally 'rare to meet with one, in whom all the kind affections, taken together, do not over-balance all the selfish' (T 487). This natural instinct of sympathy or benevolence plays a large part in the formation of our moral and political attitudes.
4. 'Since morals . . . have an influence on the actions and affections, it follows that they cannot be deriv'd from reason' (T 457).

Accordingly, 'the rules of morality are not conclusions of our reason'.

5. Moral judgements are not descriptions of matters of fact. 'Take any action allow'd to be vicious: Wilful murder, for instance. Examine it in all lights, and see if you can find that matter of fact, or real existence which you call *vice*. In whichever way you take it, you find only certain passions, motives, volitions and thoughts. There is no other matter of fact in the case' (T 468). Similarly, when 'instead of the usual copulations of propositions, *is*, and *is not*', one suddenly meets 'with no proposition that is not connected with an *ought*, or an *ought not*' (T 469), one is being tricked. It is not possible that 'this new relation can be a deduction from others, which are entirely different from it'.
6. 'Vice and virtue may be compared to sounds, colours, heat and cold, which according to modem philosophy, are not qualities in the object, but perceptions in the mind' (T 469). Accordingly, 'when you pronounce any character to be vicious, you mean nothing, but that from the constitution of your nature, you have a feeling or sentiment of blame from the contemplation of it'. It is interesting to note that here and elsewhere in his writing about morals, Hume takes the Lockean view of secondary qualities, in spite of his previous rejection of it when he was writing about the understanding.
7. Though one speaks of virtuous or vicious actions, they derive their merit or demerit only from virtuous or vicious motives, and it is only as signs of such motives, or the character of the person who acts from them, that actions are subject to moral evaluation.
8. The sentiment of approbation, aroused by 'a mental action or quality' which we therefore call virtuous, is itself pleasing, and that of disapprobation, which is similarly related to vice, displeasing (E 289). We can therefore also take virtue to be 'the power of producing love or pride' and vice to be 'the power of producing humility or hatred' (T 575).
9. What arouses our approbation or disapprobation is the appraisal of

qualities or motives as being respectively productive of a preponderance of pleasure or pain. These appraisals may also be characterized as judgements of utility.

10. 'No action can be virtuous or morally good unless there is in human nature some motive to produce it, distinct from the sense of its morality' (T 479).
11. The sense of justice, on which both moral and political obligation depend, is derived not from any natural impressions of reflection but from impressions due to 'artifice and human conventions' (T 496).

Let us begin by examining the psychological principles. There may be some doubt whether the cases in which the kind affections do not overbalance the selfish are so rare as Hume supposes, but I can find no good reason to doubt that we do have a natural instinct of sympathy or benevolence. Attempts have been made to subordinate sympathy to self-love, but they appear to me perverse. Since there can be no reason *a priori* for assuming that every action has a selfish base, it is simpler and more sensible in this instance to accept what Hume calls 'the obvious appearance of things' (E 298).

Without entering into the niceties of Hume's distinctions between the direct and indirect or the calm and violent passions, I think that the following points should be accepted. First, that not all intentional action is motivated, in the sense that it proceeds from a desire to bring about some good either to oneself, or to others, or to society at large, and, secondly, that even when our actions are motivated in this way they may not conform to utilitarian principles. That they rarely conform to purely egoistic principles has already been conceded, but neither are they simply altruistic. Sympathy varies in degree, and its strength depends on a variety of other relations in which one may stand to its object; it is not simply proportionate to one's estimate of the object's worth or need. Thus, one may choose to confer benefit on a member of one's family, on a lover or a friend, at the cost not only of

9. Portrait of Hume by Louis Carrogis (1717–1806).

one's own interest but of what one believes to be the greater interest of a wider circle. In the cases where one's actions are not purposive, such emotions as those of pity or embarrassment or anger may lead us to behave, even consciously, in ways that do no good to any one at all. It might be argued that actions done out of pity or anger were purposive, since they implied a desire to do good or harm to the persons concerned, but the answer to this is that the desire proceeds from the emotions, not the other way around. Neither need it be the case, as Hume seems to imply, that actions in which one disregards the consequences proceed only from the violent passions. Very often they are due to inertia. One simply cannot be bothered to realize one's preferences, whether the preference consists in the procurement of pleasure or in getting out of a situation which one finds disagreeable. Again it can be argued that the disvalue which one attaches to making the effort is judged to outweigh the value which one expects to result from its outcome, but unless this account is made trivial by allowing the judgement to be unconscious and then equating inertia with it, I think that it is simply untrue to the facts.

To say that our motivated actions do not in general conform to utilitarian principles is not to deny that they should. It can still be maintained that it is only when they do so that we count them as virtuous. There is, indeed, the further psychological obstacle that not only do we not always do what we want, but even when we are doing what we want, our objectives are commonly more specific than the production of a state of pleasure or the abolition of a state of pain, though here again it could be held that it is only when they have these objectives that our actions are accounted virtuous. I think, however, that it would be a mistake to attribute this view to Hume. Admittedly, he says that 'every quality of the mind is denominated virtuous, which gives pleasure by the mere survey: as every quality, which produces pain, is called vicious' (T 591), adding that 'this pleasure and this pain may arise from four different sources', since 'we reap a pleasure from the view of a character, which is naturally fitted to be useful to others, or to the person himself, or which is agreeable to others, or to the person himself'. There are, however, two points which diminish the force of this quotation. One is that Hume does not think that the pleasure which we take in surveying a virtuous quality is always of the same kind; it varies according to the nature of the quality in question. The other is that when he speaks of a character as being fitted to be useful to others, he does not equate this utility with the maximization of pleasure. It can consist in bringing about the satisfaction of whatever desires the persons affected happen to have.

In this context, it is also worth remarking that Hume is not a forerunner of utilitarians such as Bentham and Mill. We shall see that he associates the conventional virtue of justice with regard to the public interest, but he by no means takes it to be a general feature of the objects of our moral approbation that they promote anything of the order of the greatest happiness of the greatest number.

It has been objected to Hume that there is no such thing as a moral sense, analogous to the physical senses, or a special feeling of moral approbation, which the view of virtuous qualities or characters invariably arouses. The answer to this is that he is not committed to saying that there is. Admittedly, as we have seen, he speaks of our having a feeling or sentiment of blame when we contemplate a character which we pronounce to be vicious, but the point which he is concerned to make is that in calling a character vicious we are not assigning it a special intrinsic property but expressing our reaction to the properties which it has. This reaction must, indeed, be adverse, but it need not take exactly the same form in every case. We do in fact have feelings of revulsion or moral indignation, but they need not always be present in every instance of moral condemnation. There is a large variety of states, dispositions, and actions, not all of them infused with emotion, in which our attitudes of moral approval or disapproval may actually consist.

I believe also that some critics have been misled by Hume's use of the word 'mean' when he speaks of our meaning nothing by the use of moral predicates but that the contemplation of the actions or characters to which we apply them causes us to have favourable or hostile feelings. I do not think that Hume is advancing the thesis that a statement of the form 'X is good' is logically equivalent to the statement 'I have a feeling of moral approval in contemplating X' or yet to some such statement as 'The contemplation of X arouses a feeling of approval in most normal men' or 'in most of the members of such and such a society'. And the same applies to statements about the rightness of actions or the obligation to perform them. I do not credit Hume with the view that in making statements of either of these sorts we are covertly asserting something about ourselves or about other actual or possible critics. There is indeed a sense in which he is offering an analysis of our moral judgements, but the analysis is not intended to supply us with a recipe for translating the sentences which express them. It consists rather in an account of the circumstances in which we are induced to employ moral predicates, and of the purposes which their employment serves. Moreover, if we did insist on extracting from Hume a reformulation of our moral statements, we should come nearer the mark by crediting him with the modern 'emotive' theory that they serve to express our moral sentiments rather than with the theory that they are statements of fact about one's own or other people's mental condition.

It is not even clear that Hume is correctly described as a moral subjectivist, unless we are using the term 'subjectivist' in such a way that it is correct to say of Locke that he gave a subjectivist account of qualities like colour. But is it not one of Hume's principles that moral judgements are not descriptions of matters of fact? This is true; but what it means is that they lack the sort of factual content that is to be found in a description of a person's motives or in an account of what he actually did. From another point of view, it is as much a matter of fact that a motive or character of a given sort has the tendency to evoke certain responses in those who contemplate it, as it is a matter of fact that the responses are or tend to be produced. Neither is there any evidence in the texts that Hume wanted to deny this. What he did want to deny was that moral predicates stand for what Locke called primary qualities, or, in other words, that they stand for intrinsic features of the motives or characters or actions to which they are applied.

In this he is surely right. To take his own example of a case of wilful murder, the badness of the act is not an additional feature of it, ranking alongside the facts that the killer had such and such motives, or that he brought about the death of his victim in such and such a fashion. Neither is it manifested as a sort of glaze with which the conjunction of such facts is overlaid. My statement that it was a wrongful act may carry a descriptive content, if it is construed as presupposing my acceptance of some prevalent code of morals, which I can then be taken as asserting that the action violates, but it is not bound to any such presupposition. It would not be invalidated if my moral sentiments were at variance with those that prevailed in my community or indeed in any other. I could be argued out of them, in this or another instance, not only by its being shown to me that I was not properly or fully informed of the facts, but in a variety of other ways. For instance, I may be convinced on philosophical grounds that law-breakers should not be regarded otherwise than as sufferers from disease; I may attach importance to maintaining consistency in my moral attitudes, and may be persuaded that this case does not differ significantly from others of which I have taken a different view: I may be given cause to think that my view of the case is clouded by untoward features of my own experience and character. I may consequently decide that my original moral judgement was mistaken. I say 'mistaken' rather than 'false', because I think it conducive to clarity to assign a truth-value only to moral judgements which carry the presupposition of some code, so that it becomes a factual question whether the judgement accords with the rules of measurement which the code furnishes. Evidently this does not imply either that any one code is sacrosanct, or that all moral judgements are equally acceptable.

Hume's contention that 'ought' does not follow from 'is' has also been challenged. The favourite counter-example is that of promising. It has been argued that from the purely factual premiss that, under specifiable conditions, a man utters a sentence of the form 'I promise to do X', it logically follows that, other things being equal, he ought to do X. But this is a fallacy. If the argument seems convincing, it is because it is situated within a moral climate in which provision is made for promising, that is, for the incurring of a moral obligation through the utterance, under the proper conditions, of certain sequences of words. But if we are dealing with a question of logical entailment, the existence of such a climate cannot legitimately be presupposed. It has to be stated as an extra premiss, to the effect that the speaker belongs to a society in which it is an accepted principle that to utter such and such words is, in some range of circumstances, to assume a moral commitment. This is again a factual premiss, but even when conjoined with the other, it does not entail the desired conclusion. We still need the moral premiss that this rule of his society is one to which allegiance ought to be given.

A simple objection to Hume's theory is that it applies equally well to natural endowments or handicaps, such as good or ill looks, wit or dullness, a sociable or morose disposition, as to what are commonly reckoned as virtues or vices, such as courage or cowardice, fidelity or fickleness, meanness or generosity. In an Appendix to the *Enquiry*, Hume acknowledges the fact and dismisses it as of no importance, appealing on this point to the authority of Cicero, whom he frequently takes as a model, and also to that of Aristotle, who 'ranks courage, temperance, magnificence, modesty, prudence and a manly openness, among the virtues, as well as justice and friendship' (E 3 19). This fails to account for the distinction that we ordinarily make, though I suspect that Hume is right in claiming that it is not based on any consistent principle. Possibly, we tend to confine moral epithets to those amiable or unamiable qualities which require more cultivation to become habitual, or depend to a greater extent upon the presence or absence of self-discipline. This would still allow good manners to count among the virtues, but I do not find this unacceptable.

To anyone who has studied Kant, who notoriously held that an action is moral only when it is done from a sense of duty, it may come as a shock to find Hume saying that an action must proceed from some motive other than a sense of its morality if it is to be morally good. Hume does not deny that men can and do act out of a sense of duty. What he denies is that this in itself confers any merit on an action. A man who is of a miserly disposition may grow ashamed of it and so force himself to perform acts of generosity. In time his initial reluctance to perform them may or may not be overcome. It is not, however, necessary that it should be overcome in order for his actions to be morally good. Their goodness depends on their conforming to a habitual practice of generosity, and so long as this is true it makes no moral difference whether the agent has generous feelings, whether he thinks it profitable to himself to display a generosity which goes against his inclinations, or whether he acts against his inclinations because he thinks that generosity ought to be practised. We must, therefore, avoid being misled by Hume's saying that actions are morally good only as being signs of a good motive or a good character. It does not mean that he conceives of characters or motives as being good in themselves. They owe their goodness only to the fact that they *habitually* give rise to actions which are morally approved. It is the consequences that call the tune: and motives are brought to the fore only because they can be counted upon regularly to produce beneficent actions. To have a sense of duty as one's primary motive for behaving well is rather to be deprecated, since this suggests that one is deficient in natural benevolence.

In fact the opposition between Hume and Kant on this issue goes deeper, since Kant's ground for tying morality to the sense of duty was that an action could have moral worth only if it was performed freely, and that it was only when they were done from a sense of duty that actions were free in the requisite form. It is not at all clear what this form of freedom was supposed to be, but in any case there seems to be no warrant for drawing a distinction on this basis between the sense of duty and any other motive.

The principle that reason alone can never be the motive for any action, though it may appear psychological, is defended by Hume in a way that makes it analytic. It is a straightforward consequence of his confining what he counts as reason to the drawing of inferences and the appraisal of truth and falsehood, and his semantic assumption that operative motives cannot significantly be characterized as true or false. Reason has control over the passions, in so far as it can be used to discover that a passion is based on a false judgement, as for example when the object of one's fear is proved not to exist, or that the means chosen to procure some end are insufficient for the purpose. A third instance, which Hume failed to notice, is that in which reason shows us that the achievement of a desired end will probably result in the occurrence of something which we have a greater desire to avoid. The dramatic statement that reason is and ought only to be the slave of the passions amounts only to what is, for Hume, the truism that reason enters into the sphere of action only when we have been motivated to aim at some end. The phrase 'ought only to be' is merely a rhetorical flourish, since the choice of ends has been put outside the sphere of reason. Similarly, Hume's startling assertion that it is 'not contrary to reason to prefer the destruction of the whole world to the scratching of my finger' or 'to choose my total ruin, to prevent the least uneasiness of an *Indian* or person wholly unknown to me' or 'to prefer even my own acknowledg'd lesser good to my greater' (T 416) is no more than a consequence of the scarcely controversial assumption that one's preferences, however eccentric, are not themselves the bearers of truth-values and need not be the outcome of any erroneous inferences.

The supporting argument that morals cannot be derived from reason, since they have an influence on our actions and affections, is, on the other hand, invalid. Even on Hume's own showing, our actions and affections may be influenced by the truth or falsehood of our judgements or the soundness of our inferences; it is only our objectives, when not considered as means to further ends, that are not susceptible to this influence. Nevertheless the deduction that 'the rules of morality are not conclusions of our reason' holds good independently, since what it rightly claims is that the rules of morality do not come within the province of 'Relations of Ideas'.

The main objection to be faced is that we do have a conception of the rationality of ends as well as means. Hume avoids it by suggesting that we mistake calm passions for 'the determinations of reason', but this is not a sufficient answer. It is true that we speak of a person as behaving irrationally when he rushes into a course of action without thinking about the consequences, but we also consider some rankings of ends, such as those that occur in Hume's examples, as being irrational in their own right. I think that what we mean by this is that they are choices which no sensible man would make. There is an obvious risk of circularity here, since his choice of ends enters into our conception of what constitutes a sensible man. A possible way of escape is just to take it as a matter of fact that a person who habitually chooses ends of a certain type arouses in the average spectator an impression of folly. We can then define the irrationality of ends in terms of the behaviour of such a person, and their rationality as its opposite.

There remains the question whether the sense of justice, in which Hume discovers the source of our obligations, is natural or artificial. Hume's ground for saying that it is artificial is that there are no natural motives to supply it. With very rare exceptions, men do not have any such passion as the love of mankind, and their natural feelings of benevolence towards a limited number of persons would favour injustice, in that it would lead them to promote the interest of these persons at the public cost. Neither can the sense of justice arise directly from man's selfishness, though Hume's explanation of it does relate it indirectly to self-interest.

His explanation runs as follows. Because of his physical weakness, a man can survive and prosper only as a member of a group, even if in the first instance it is so small a group as that of the family. As groups intermingle, they tend to prey on one another. 'There are three different species of goods, which we are possess'd of; the internal satisfactions of our mind, the external advantages of our body, and the enjoyment of such possessions as we have acquir'd by our industry and good fortune' (T 487). It is the third of these goods that is chiefly at risk, on the one hand because of men's avidity and the limited extent of their benevolence, and on the other because of the niggardliness of nature. If men had always lived in an environment of such abundance that all their material appetites, however luxurious, could easily be satisfied, 'the cautious jealous virtue of justice would never once have been dreamed of' (E 184). As things are, different groups have to compete for the relatively scarce quantity of goods that are or can be made available. If this competition were unrestrained, no man could ever count on 'the peaceable enjoyment of what he may acquire by his fortune and industry' (T 489). To avoid such a calamity men have found it in their interest to subscribe to a set of conventions which establish rights to property and also lay down the conditions in which its transfer from one man to another is legitimate. These conventions are not promises. On the contrary, promises are themselves based on a convention, the purpose of which is to give men security of each other's future conduct. It is on the three 'laws' of the stability of possession, its transference by consent, and the performance of promises 'that the peace and security of human society entirely depend' (T 526).

So far it is only a question of self-interest. Morality comes into the picture both naturally, because we sympathize with the victims of injustice, either through our affection for them, or, in cases which this does not cover, through putting ourselves imaginatively in their place, and artificially, because those who educate and govern us see it as their business to train us to apply eulogistic epithets to conformity with the rules of justice and dyslogistic epithets to their breach, thereby arousing and fortifying the moral sentiments with which the use of these epithets is associated.

The justification of these rules is that their observance conduces to the public interest. This is, however, true only in general and may be false in some particular instances. An example which Hume gives is that in which 'a man of a beneficent disposition, restores a great fortune to a miser or a seditious bigot'; the man 'has acted justly and laudably, but the public is a real sufferer' (T 497). Even so, Hume maintains, in agreement with many present-day utilitarians, that we should always stick to the general rule. He offers no argument for this beyond saying that it is 'impossible to separate the good from the ill. Property must be stable, and must be fix'd by general rules. Tho' in one instance the public be a sufferer, this momentary ill is amply compensated by the steady prosecution of the rule, and by the peace and order, which it establishes in society' (T 497). But why should the public be required to suffer at all? Only, it would seem, because toleration of exceptions would weaken respect for the general rule, with a resulting disutility that would outweigh the utility of the exceptions. But even if we accept this line of reasoning, it does not cover the cases where there is no serious probability that the choice of an action which went counter to the rule would become generally known. Why should we then adhere to the rule when the purpose of the rule would be better served by our departing from it? I do not believe that those who uphold what is currently known as rule-utilitarianism have a satisfactory answer to this question.

Another objection to Hume's account of justice is that it is tied too closely to the institution of property. For instance, the only provision that it makes for the value of equality is that we are equally bound to comply with the rules that our conventions establish. This is, however, a defect that is easily remedied, since the conventions can always be adjusted to suit any ranking of their interests that the members of a society can be induced to accept.

Though justice is necessary for the maintenance of society, government, in Hume's view, is not. A primitive uncultivated society can subsist without it. Only, when it is successful in war, a period of government will be needed to regulate the partition of the spoils. The warrior chief is then likely to become the civil arbiter. It is for this reason, according to Hume, that 'all governments are at first monarchical'.

In more developed societies, government is needful because men are naturally disposed to sacrifice their long-term to their short-term objectives, and it is in their interest to be restrained from doing so. It therefore pays them to submit to rulers, whose short-term interests include the retention of their privileges, which in turn depend upon the enforcement of law and order. There is, indeed, the possibility of the rulers becoming so tyrannical that their subjects would be better off without them, in which case they are at liberty to remove them if they have the power to do so. Such action is not, however, to be undertaken lightly, in view of the disturbance which it creates, and it is also true that the habit of civil obedience leads men to put up with tyranny for longer than would be the case if they strictly attended to their interest. There are various ways, including succession, conquest, and the operation of constitutional laws, in which particular governments may be instituted. What is more important is the tenure of power. No matter how a system of government comes into being, its mere persistence will generally be sufficient for its being regarded as legitimate. There is a sense, then, in which government rests on the consent of the governed, but it does not follow from this that we have to invent a social contract as the moral justification for political obedience. Since the rules of justice are necessary for the validity of contracts and also sufficient to account for political obligation, even a genuine contract would, as Hume rightly argues, have no part to play in this case, let alone the philosophical fictions which writers on politics have tried to pass off as contracts. The suggestion has been made that we incur an obligation to obey a government by choosing to remain subject to it, but apart from any other objection this presupposes that we have a serious alternative, which is very often not the case. Otherwise, as Hume remarks in his essay 'Of the Original Contract', it is like telling a man who has been shanghaied aboard a ship that he is free to leap into the sea and perish.

Hume makes no attempt to connect morals with religion, no doubt because he saw that morals cannot be grounded on any form of authority, however powerful, though religious belief may operate as a sanction through its effect on the passions. In any case Hume was less interested in the utility of religious belief than in its pretension to truth. We have seen that he rejected Christianity. By examining his *Dialogues concerning Natural Religion*, I shall now try to justify my claim that he also rejected deism.

The three participants in the *Dialogues* are Demea, who believes that the existence of God can be demonstrated *a priori*, though we are incapable of penetrating the mystery of his nature; Cleanthes, who argues that there can be no other proof of God's existence than what we can extract from our observations of the world, and consequently bases his theism upon what is commonly called the argument from design; and the sceptical Philo, who agrees with Cleanthes that the argument from design is the only one worth considering, and devotes himself to showing what a very poor argument it is. This does not lead him into any profession of atheism. He even goes so far at one point as to assert that 'when reasonable men treat these subjects, the question can never be concerning the *being*, but only the *nature* of the Deity' (D 142), but in the light of his general argument this remark appears ironical. In the management of the *Dialogues*, Philo is given by far the most to say, and this is one reason for concluding that he speaks for Hume.

Demea's argument is that nothing can exist without a cause, that the idea of an infinite regress of causes is absurd, and that the regress can be brought to an end only by there being an ultimate cause who necessarily exists. This is the Deity, 'who carries the *Reason* of existence in himself; and who cannot be supposed not to exist without an express contradiction' (D 189). Cleanthes' rebuttal of this argument is that the existence of a deity is supposed to be a matter of fact, and that no matter of fact is demonstrable *a priori*. Moreover, if we were entitled to speak of a necessary being, it might just as well be the universe itself. Demea makes no attempt to reply to this objection, with which Philo concurs, and his part in the remainder of the *Dialogues* is pretty well limited to an occasional pious protest against Cleanthes' failure to make a sufficiently large distinction between the qualities and powers of human beings and those of their supposed creator.

While he gives numerous examples, accepted by Philo, of the adaptation of means to ends in nature, Cleanthes' position is summarized in one powerful statement of the argument from design.

> Look round the world [he says]: Contemplate the whole and every part of it: You will find it to be nothing but one great machine, subdivided into an infinite number of lesser machines, which again admit of subdivisions, to a degree beyond what human senses and faculties can trace and explain. All these various machines, and even their most minute parts, are adjusted to each other with an accuracy, which ravishes into admiration all men, who have ever contemplated them; The curious adapting of means to ends, throughout all nature,

resembles exactly, though it much exceeds, the productions of human contrivance; of human design, thought, wisdom, and intelligence. Since therefore the effects resemble each other, we are led to infer, by all the rules of analogy, that the causes also resemble; and that the Author of nature is somewhat similar to the mind of man: though possessed of much larger faculties, proportioned to the grandeur of the work, which he has executed. By this argument *a posteriori*, and by this argument alone, we do prove at once the existence of a Deity, and his similarity to human mind and intelligence.

(D 143)

Philo's rejoinder to this argument is the principal theme of the *Dialogues* as a whole, but his main objections to it can be concisely summarized.

1. Causal arguments are based on experienced regularities. They are not available in this case, since we are not acquainted with a multiplicity of worlds. Cleanthes can appeal only to analogy, which is a weaker form of reasoning,
2. If we press the analogy, on the assumption that like effects have like causes, we have no warrant for concluding that the universe was planned by an infinite, eternal, incorporeal Being. We have no experience of anything of this sort. Machines are constructed by mortal human beings who have bodies, belong to one or other sex, work in cooperation, proceed by trial and error, make blunders and correct them, improve on their designs. By what right therefore can we deprive the universal planner of body and sex? Why should we not conclude that the world is due to the combined efforts of many gods? Why should it not be 'the first rude essay of some infant deity, who afterwards abandoned it' or 'the production of old age and dotage in some superannuated Deity' (D 169) whose death left it to its own devices? Why should not many worlds 'have been botched and bungled, throughout an eternity, ere this system was struck out' (D 167)?

3. If this is to make the analogy too strong to suit Cleanthes, it is also in fact too weak. The world does contain many human artefacts, and many natural objects which resemble these artefacts at least to the extent that they or their parts serve some function, to which they are more or less well adapted. It does not follow, however, that the universe as a whole is a machine or anything like one; or that there is any purpose which it serves. It is no more like a machine than it is like an animal or vegetable organism. It would be no 'less intelligent, or less conformable to experience to say, that the world arose from vegetation from a seed shed by another world, than to say that it arose from a divine reason or contrivance' (D 178).
4. If we are tracing the universe of objects into 'a similar universe of ideas' (D 162), why should we stop there? If the order in ideas needs no further explanation, why should the order that we find in matter?
5. Our experience of the world shows that 'matter can preserve that perpetual agitation, which seems essential to it, and yet maintain a constancy in the forms, which it produces' (D 183). Why should we not be content to credit matter with a force which enables it to develop out of what we may suppose to have been an original chaos into an order accounting among other things 'for all the appearing wisdom and contrivance which is in the universe' (D 184)? Surely this theory is to be preferred to the unverifiable and practically useless hypothesis of a supernatural agency.
6. Not only is the argument from design exposed to all these objections, but even if they are waived it achieves next to nothing. The most that a man who accepts it is entitled to conclude is 'that the universe, sometime, arose from something like design: But beyond this position he cannot ascertain one single circumstance, and is left afterwards to fix every point of his theology, by the utmost licence of fancy and hypothesis' (D 169).

Probably the last point was, in Hume's eyes, the most important of all. He was, as I have tried to show, campaigning on many fronts against religious belief, but above all he wished to preserve philosophy from the 'licence of fancy and hypothesis' into which theology falls. We have seen that he was not a model of consistency, but he was at least consistent in his naturalism, his insistence that every branch of science be anchored in experience. His main interests were too broad to be captured in a paragraph, but his general outlook can perhaps be summarized, and I can see no better way of doing so than by quoting the famous passage with which he concludes the first *Enquiry*:

> When we run over libraries, persuaded of these principles, what havoc must we make? If we take in our hand any volume; of divinity or school metaphysics, for instance; let us ask, *Does it contain any abstract reasoning concerning quantity or number?* No. *Does it contain any experimental reasoning concerning matter of fact and existence?* No. Commit it then to the flames: for it can contain nothing but sophistry and illusion.
>
> (E 165)

Further Reading

The editions of Hume's works from which I have quoted are listed in the Preface. The original dates of publication of these, and of other works by Hume to which I refer, are as follows:

A Treatise of Human Nature 1739–40

An Abstract of the Treatise of Human Nature 1740 (published anonymously)

Essays, Moral and Political 1741–2

Three Essays ('Of Natural Character', 'Of the Original Contract', and 'Of Passive Obedience') 1748

Enquiry concerning Human Understanding 1748 (first published as *Philosophical Essays concerning Human Understanding*)

Enquiry concerning the Principles of Morals 1751

Political Discourses 1752

History of Great Britain from the Invasion of Julius Caesar to the Revolution of 1688 (6 vols.) 1754–62

Four Dissertations ('The Natural History of Religion', 'Of the Passions', 'Of Tragedy', and 'Of the Standard of Taste') 1757

Two Essays ('Of Suicide' and 'Of the Immortality of the Soul') 1777

My Own Life 1777 (first published as *The Life of David Hume, Esq., Written by Himself*)

Dialogues concerning Natural Religion 1779

A large collection of Hume's letters was edited by J. Y. T. Greig in two volumes and published in 1932 under the title *The Letters of David Hume* by the Oxford University Press. In 1954 the same publishers brought out a collection entitled *New Letters of David Hume*, the product of extensive research by its editors, Raymond Klibansky and Ernest C. Mossner. Of the many books written about Hume's philosophy, the two which I should especially wish to recommend are *The Philosophy of David Hume* by Norman Kemp Smith, which was published by Macmillan in 1941, and *Hume's Theory of the External World* by H. H. Price, which was published by the Oxford University Press in 1940. The points for which I am indebted to these works are indicated in the text.

“牛津通识读本”已出书目

古典哲学的趣味
人生的意义
文学理论入门
大众经济学
历史之源
设计，无处不在
生活中的心理学
政治的历史与边界
哲学的思与惑
资本主义
美国总统制
海德格尔
我们时代的伦理学
卡夫卡是谁
考古学的过去与未来
天文学简史
社会学的意识
康德
尼采
亚里士多德的世界
西方艺术新论
全球化面面观
简明逻辑学
法哲学：价值与事实
政治哲学与幸福根基
选择理论
后殖民主义与世界格局

福柯
缤纷的语言学
达达和超现实主义
佛学概论
维特根斯坦与哲学
科学哲学
印度哲学祛魅
克尔凯郭尔
科学革命
广告
数学
叔本华
笛卡尔
基督教神学
犹太人与犹太教
现代日本
罗兰·巴特
马基雅维里
全球经济史
进化
性存在
量子理论
牛顿新传
国际移民
哈贝马斯
医学伦理
黑格尔

地球
记忆
法律
中国文学
托克维尔
休谟
分子
法国大革命
民族主义
科幻作品
罗素
美国政党与选举
美国最高法院
纪录片
大萧条与罗斯福新政
领导力
无神论
罗马共和国
美国国会
民主
英格兰文学
现代主义
网络
自闭症
德里达
浪漫主义
批判理论

德国文学
戏剧
腐败
医事法
癌症
植物
法语文学
微观经济学
湖泊
拜占庭
司法心理学
发展
农业
特洛伊战争
巴比伦尼亚
河流
战争与技术
品牌学
数学简史

儿童心理学
时装
现代拉丁美洲文学
卢梭
隐私
电影音乐
抑郁症
传染病
希腊化时代
知识
环境伦理学
美国革命
元素周期表
人口学
社会心理学
动物
项目管理
美学
管理学

电影
俄罗斯文学
古典文学
大数据
洛克
幸福
免疫系统
银行学
景观设计学
神圣罗马帝国
大流行病
亚历山大大帝
气候
第二次世界大战
中世纪
工业革命
传记
公共管理
社会语言学